電視節目製作

單機操作析論

◎楊家麟　編著

序言

資訊是現代人類文明的必須品，傳播更是永續生活的一種必要的溝通形式。因此，電視媒介在當代社會所代表的已不僅是一種訊號傳遞的工具，且更切實的成為生活本體的一部份。不論是電視從業人員或觀眾，在追求民主化的新世代裡，我們面對的是一個自由的、多元的、資訊的、以及科技的新社會結構。雖然個性化空間的開拓，可能或多或少膨脹了自我選擇的自由，但〝社會責任〞的具體意義仍然是維繫任何族群文化傳承不可或缺的條件。也因此在我們享受電視新世代文明的洗禮時，也應該相對應的對新文化的建構負起責任與義務。

在對〝大眾有知的權力〞這種人權尊重的前題下，電視似乎有了無限選擇的空間，特別是對社會新聞事件的報導上更可能牽引社會的脈動，但相對的也帶引出社會價值判斷的爭議。大眾在尋求資訊使用與滿足的同時，也衍生信任與質疑的迷思。從過去對電視水準的優劣評價，到目前更具體的真偽辯証，非常明確的凸顯了如此一個跨時代媒體對整個社會人群生活所產生的重大影響力。因此，當我們強調電視所帶給大眾告知、教化、服務、及娛樂等正面功能的同時，我們必須更謹慎的評估它所呈現的偏頗式俗化的負面效應。這些觀念是我們在運用電視媒介時，除了專業技術、設備、人才以及可觀的經費投資之外，對社會人群生活負責所應有的態度。

電視節目製作基本上仍是人為導向的模式，它結構了〝情感〞與〝形式〞兩個層次，也就是在內容呈現的同時，蘊含了〝主題內涵〞及〝表現手法〞兩個範疇，不論任何類型的節目，都必須結構〝說什麼？〞及〝怎麼說〞兩個過程。就製作的本質而言，這兩部份就如同〝影像〞與〝聲音〞之不可分割一樣，是相對等的重要。因此在所謂專業的要求下，從業人員所必須具備的除了技術知能之外，還要有美學的藝術涵養以及對人群的關懷等道德意涵。

家麟君以其學術理論基礎，結合多年教學及實務經驗撰寫〝電視節目製作—單機操作析論〞一書，用淺顯的方式結合實例研究，提供電視節目製作領域裡相當具體的學習指引。特別是單機作業的模式及理念結構現代後製作(post-production)的思維，使節目製作型式不論就時空因素或質量的考量，都有更自由廣泛的發揮空間。雖然電視節目根源於〝素材〞，表現於〝創意〞，但在實質的呈現上仍有許多主、客觀條件的約制。從〝應用美學〞的角度思考，這些結構視覺傳播的因素，的確是專業從業人員所必須具備及充份加以實踐的知識，願共勉之。

謝章富於板橋(國立臺灣藝術學院廣播電視系系主任)

作者序

自從有線電視開放以來，整個就業市場顯得非常熱絡，各大學的廣播電影系更加熱門，尤其以電視節目製作組更是許多青年學子想一圓導演夢的門徑。

這種趨勢催化了許多優良的電視節目專業書籍的問世，真可說是百家爭鳴。在這種情形下，應該沒有**電視節目製作—單機操作析論**這本書的生存空間。

不過，我認爲這本書有幾個比較特殊的地方仍值得讀者注意。第一個比較特殊的地方是本書完全是以單部攝影機來製作節目的觀點出發，至於攝影棚的多機作業或棚外EFP的製作模式則不在討論之列，這樣處理方式的優點是可以集中火力在單機操作析論上，畢竟人文紀錄片、生態片、廣告片、甚至越來越多的戲劇片都是以一個鏡頭一個鏡頭來拍攝。

我自己在電視節目製作的求學、實務經驗、以及教學上，一直有一個深刻的感受，就是電視節目製作這門學科非常有趣。但是，如何將這門有趣的學科撰寫成有趣的教材需要一個技巧，那就照片與圖案的大量使用。因爲電視節目製作是門影像的學科，如果要將這門學科寫成有趣的書籍必須要有大量的照片與圖案，才能使讀者深刻瞭解及應用。基於這個觀點，本書使用超過100張的幻燈片以及數十張的圖案解說希望能補足文字解說的不足以及豐富本書的內容，這是本書第二個比較特殊的地方。

能夠完成本書，我真的要感謝很多人，在文字方面要感謝Sight Sound Motion以及Television Production的兩位作者Mr. Herbert Zettl以及Mr. Gerald Millerson，從這兩本書中我完成本書幾個章節的骨幹，另外感謝廣電基金以及視群傳播負責人許鴻龍，願意讓我把實務界完整企劃書以及腳本放在本書中。在照片方面，青年高中攝影老師潘智敏慷慨讓我在他的作品中挑選適合的幻燈片來使用，視群公司平面攝影師林義成更按照我所歸納的理論專門去拍攝。在圖案方面，我也要感謝張偉淦與周德銘兩位同學幾天都埋首在繪圖當中，深夜才回到家。 在美術編輯方面，由於學姐黃淑芬的大力幫忙，才能使這本書順利推出。

出版這本書的經驗，使我瞭解書籍的出版也像拍片一樣，是一個team的工作，沒有眾人的幫忙，根本難有作品的問世，在此衷心感謝。

楊家麟

目錄

第一章 電視節目製作概述

第一節 單機作業與多機作業

電視節目製作可分為棚內製作(studio production)與棚外製作(field production)兩大類。由於是在攝影棚內拍攝,所以棚內製作在燈光以及聲音的處理上比較容易控制, 並且不受天氣的影響。不過棚外製作有棚內製作所無法比較的優點,那就是場景的真實性,光是這個理由,就值得節目製作人與導演花大筆的金錢支付工作人員的差旅費、忍受申請場地許可的書信往返、以及承擔天氣的不穩定等因素。

而在電視節目拍攝的過程中又可分為多機作業(multi-camera production)以及單機作業(single camera production),所謂多機作業就是多部攝影機在同一場景中從不同角度同時拍攝,藉由畫面切換機(switcher),導播可以瞬間選擇他所想要的畫面。這樣拍攝方式的優點不會打斷演員演戲,能夠維持住演員的動作以及情緒的一致性,並且省去在後製過程中大量的剪接時間。

另一方面,單機作業又可稱為電影方法,原因是電影導演喜歡使用單部攝影機一個鏡頭一個鏡頭來拍攝,在節目品質的掌控以及導演與演員的溝通上是多機作業所無法比擬的。

在節目品質的掌控上,燈光的有效使用一直是多機作業所無法克服的難題,攝影師會告訴我們想要有效的將一個場景或是主體打光來滿足各種拍攝角度是不可能的,但是在單機作業的情況下,燈光師就能夠輕易的滿足導演的需求。

在導演與演員的溝通上，單機作業時，導演大多是坐在攝影機的附近觀看著monitor，對於演員的臺詞、演技、表情、服裝、甚至於頭髮，都會隨時提出指導與修正，這跟在攝影棚內坐在副控室的導播在導戲上有相當大的差別。

除了節目品質的掌控以及導演與演員的溝通外，單機作業的另一優點是機動性強，工作小組可以千山萬水到處帶著攝影機跑。早年電視攝影機的研製開發就是為了滿足電視新聞節目畫面的豐富性而設計的，所以電視攝影機叫做ENG (Electronic News Gathering) 。由於ENG的開發成功，各式各樣需要真實場景的節目隨之應運而生。

由於單機作業有上述的優點，現在在電視實務界不管是新聞採訪、人文紀錄、生態節目、以及戲劇節目大都使用單機作業。

不過單機作業也有它的缺點，由於單機作業是一個一個鏡頭來拍攝，所以攝影師拍完一鏡頭後必須要移動攝影機及腳架到下一個拍攝點，這就是所謂的換鏡位。這樣的拍攝過程非常耗時，攝影師以及攝影助理體力的消耗也非常的大。

單機作業還有另外一個缺點，那就是在後製過程中，剪接的時間非常的耗時，往往半個小時的節目必須要花上三十個小時以上才能剪接完畢。有時導演不滿意，剪接師還必須重新來過。

不過，話說回來，正因為導演、攝影師、剪接師、以及燈光師要花上比多機作業數倍的工作時間來完成一個節目，因此以單機作業製作節目時，他們的藝術修養與技術訓練才能夠充分的得以發揮。

外景拍攝通常是由一組外景工作隊所組成。

本書的焦點就是設定在單機作業的工作模式，舉凡攝影、構圖、燈光、剪接、以及視覺化的訓練，都是以單機作業的眼光來加以討論及研究。

爲了拍攝到更生動的畫面，攝影師往往要拔山涉水。

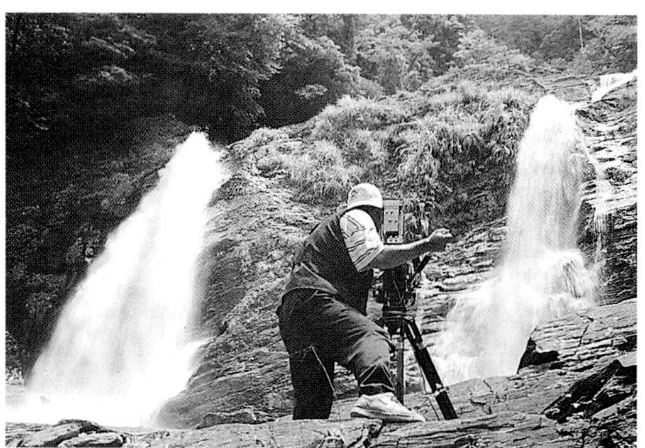

進入後製時，剪接是一項耐心及毅力的工作。

第二節 電視製作流程

整個電視製作的流程可分爲前製作期(pre-production period)、製作期(production period)、以及後製作期(post-production)。

所謂前製作期就是節目製作前的準備工作，這個步驟是決定節目品質以及節目是否成功的重要過程。因爲在這個階段，節目的基本構想必須明確、節目所設定的觀眾群的需求必須掌握、節目製作的主要工作人員包括了導演與主角等必須決定，這些構成因素全應包括在企劃書裏面。

當企劃書完成並得到青睞付諸實行後，一連串的會議緊接而來，其中最重要的就是腳本的撰寫，以及導演與編劇、導演與演員的溝通，再過來就是下一階段拍攝期。

製作時期是導演大展身手的時候，想像當上導演可以號令全組的工作人員，並且指示演員演出導演心中所要的情境，光是這兩大驅動力就能誘使很多初進電視節目科系的學生想要一圓戲劇導演夢了。

不過，除了戲劇片外，新聞紀錄片、人文紀錄片、或是生態紀錄片就沒有那種統御整個工作組的感覺，例如在拍攝生態片時，攝影師再加上一名助理就可以在大雪山的原始林裡摸黑守候各種動物的出現。

到了後製作期，中心主幹就是剪接了。其基本要素是將節目訴求點表現出來。在戲劇性節目中，由於拍攝時是一個鏡頭一個鏡頭拍,而且導演爲了節省時間等因素，導演並不會順著劇情照拍下去,而是跳著拍，所以在剪接時，必須注意連戲等問題。另一方面,在剪接廣告片時，由於需要一大堆的視覺效果，所以要用到電腦剪接機來處理,所費的時間與金錢都非常的驚人,這些都是後製作業時所要面對的問題。

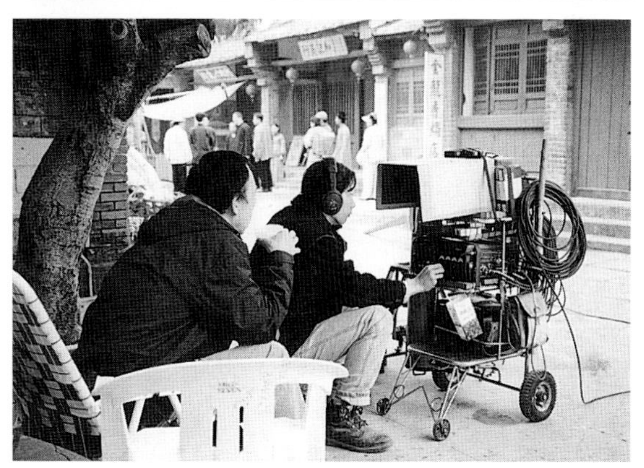

第二章　電視節目企劃書與劇本的編寫

第一節　企劃書的編寫

如第一章所述，電視節目製作的過程大致可分為三個階段，第一個是前製作業(pre-production)，這包括題材的選擇、資料的蒐集、以及腳本的撰寫，第二個是製作階段(production)，這就是所謂的拍攝階段，第三個是後製作業(post-production)，包括剪接、配音、與配樂。

前製作業時，最重的職務是製作人與編劇。製作人負責企劃的工作、資金的籌募、與人事的安排，而編劇則是負責腳本的撰寫。

在這些項目當中，前製作業最重要的工作就是企劃書的編寫，傳播公司製作人不論是對廣電基金或是任何單位提出企劃書時，都要經過比稿與審查等階段，因此，企劃書的好壞能夠決定創意是否實現或是胎死腹中。

企劃書並沒有一定的格式，但是企劃書必須要描繪出一個節目的輪廓，並將節目製作的所有因素包含在企劃書裏面。

包括項目大致如下:

一、節目名稱: 對於即將上檔的電視節目來說，節目的名稱非常重要，不祇要觀眾一看節目名稱就知道節目的類型，更要吸引觀眾的注意力。

對傳播公司比稿來說，節目名稱更是企劃書能夠雀屏中選的主要因素之一，例如有一次到內政部比稿二級古蹟的案子，我們企劃人員想出了好幾個題目，最後決定用美麗與哀愁為題目，因為我們認為台灣的古蹟雖然充滿人文氣息而顯得美麗，但是卻禁不起歲月的洗禮而逐漸衰敗中。當我們信心滿滿去報告時，就被一古蹟知名學者否定這節目的命名，進而導致我們努力一個月的企劃書功敗垂成。

二、節目類別： 對單機操作模式來說,就節目內容來區分,可分爲戲劇性節目、新聞性節目、介紹性節目、人文紀錄性節目、以及生態性等節目。

三、節目主旨： 主旨是節目製作的目的，一定要有所欲圖，節目才會做得有聲有色的，例如我們這一班這個節目，汪導演就說過在劇中除了輕鬆有趣之外，每集都有一個主旨，希望能對觀眾有所啓發，並能產生省思。

四、訴求對象：節目所設定的對象最好越明確越好，這樣在製作節目時，可針對這群設定的觀眾來設計節目內容與表現方式。

五、表現方式： 在決定表現方式之前，應先瞭解該電視節目的內容。之後再決定是用戲劇的方式、或用人文記錄的方式。當然，這沒有一定的型式，端看導演怎麼表現。

六、節目內容： 在企劃書中，節目內容通常是越詳盡越好，即使是人文紀錄片，在紀錄之前，也最好有大綱及模擬的對話，俾使編審能更清楚節目的內容。

七、節目特色： 說實在的，現在的節目這麼多，想要推出以前沒有人碰觸的題材真可是少之又少，如何要推出與眾不同的節目真可要費盡心思。例如：拍攝台灣古蹟的節目非常的多，如果還要推出相關的節目該如何尋找它的特色，其技巧就是試著以不同的切入點來表現。之前的古蹟節目都是祇談一個古蹟點，現在如果我們試著以石雕、木雕、剪黏的角度來表現台灣古蹟的藝術，節目將會爲之改觀，節目特色也就表現出來了。

八、節目長度： 節目長度是指該節目製作出來的實際長度有多久。扣除廣告，電視節目都不會是半小時，或一小時。節目真正的實際長度通常都是在三十分鐘的時段中祇有二十四分鐘，或六十分鐘時段中祇有四十八分鐘上下。

九、經費預算： 這項是企劃書中非常重要的部份，超過預算，表示製作人不能勝任，但是，如果扣的太緊，節目品質就會打折扣，所以預算表一定要精估，不然將會終結自己當製作人的前途。

十、節目攝製進度規劃： 節目預定於何時完成腳本、何時拍攝、及何時完成剪接，都訂有一定進度表。

以下是一本企劃書的實例：

壹、節目名稱:甲子紀事

貳、節目主旨:

生命無法延續，精神卻可以永遠承繼。

廿年前，當一群 BBC 攝製小組遠渡重洋來到台灣，目的就是為了拍攝一部「李博士的昆蟲世界」。英國文學家史密斯說：「他掌握了生態攝影的精神與內涵，並提昇到藝術的境界。」

這是台灣人的驕傲。

今天我們並非將廿年前的事蹟再一次

歌功頌德，而是經過長期的相處，我們發現那股堅韌、耐勞、求真、求實的研究精神，在年近七十五歲的李博士身上，仍未曾稍減。

於是，我們企圖將可貴的精神面用影像來表達。

四十年前如何守候、拍攝昆蟲的珍貴畫面，四十年後，又如何為了一本書的誕生，拿起放大鏡一字字地寫下去。這其間還有許多、許多。

我們的主旨在此，用意也在此。

參、原始構想及因素：

多年來，在拍攝生態的過程中，或因於求教，或因於一種機緣，讓我們結識了一群長者。二年前，一本「昆蟲世界」，讓我們前往台北內湖拜訪李淳陽博士。這位台灣早期利用十六釐米拍攝昆蟲的前輩，讓我們對他的過去產生莫大的好奇。

於是，我們開始透過日常的相處、聊天，而知道愈來愈多的故事。

當故事漸漸累積時，我們決定將它紀錄下來。

肆、訴求對象：

針對不同對象，我們預訂了不同目標。

就社會民眾來說，我們期待這股傳統優良精神，對廣大的人心能有所淨化、沉殿，進而創造有理想、有活力、有智慧的社會。

七〇年代後的「新新人類」，他們的社會認同感與價值觀念普遍模糊，將傳統文化經驗棄之如鄙屣，而導致社會問題層出不窮。

媒體具有傳播教育的功能，而如何擺脫教條、刻板的模式? 唯有自然展現一個人的生活態度與處世精神，在平凡中訴說其偉大。

伍、表現方式及內容結構：

1、節目型態：人物紀錄報導

2、長　　度：四十六分鐘

3、敘事結構

為避免流水式的記錄，我們將採精神主幹配合縱面、橫面交錯的影片結構。

所謂精神主幹，便是李博士拍攝昆蟲過程中一種不屈服的性格。而縱面，則是成長的軌跡所伴隨的一些生活故事。橫面則是透過相關人物的訪談，由工作、日常生活、而帶至一本「你心、我心、蟲心」的誕生。

4、旁　　白

大量採用主角李淳陽博士的原音，透過直接陳述的方式，將觀眾帶入歷史的軌跡。

另外，亦安排第三者旁白，以客觀、感性的語調，作為被記錄者與觀眾之間的橋樑。

5、音　　樂

委請專業錄音人員從事後製配音、配樂之工作。

6、畫面來源及構成方式

除昔日BBC所拍攝之影片，及博士四十年來昆蟲拍攝之典藏畫面，公司將利用ENG把鏡頭帶至現場，融入主角的生活，拉近電視與觀看者的距離。

7、動　　畫

目前公司擁有Topas，Tips，3DS以及AutoCAD等電腦動畫繪圖軟體。

8、參考範例

吳乙峰　《人間燈火系列》、《生活映

像系列》

胡台麗　李道明　《蘭嶼觀點》、《矮人祭之歌》

美國國家地理學會　《香港家族映像》

陸、節目特色：

一位年近七十五歲的昆蟲學家，接受中、日兩制的教育洗禮，我們要呈現的是一股不屈服的性格。片中除陳述四十年前昆蟲拍攝的困境之外，難得的是李博士典藏已久的作品，也將在此呈現。

另外一九七五年，英國 BBC 拍攝「李博士的昆蟲世界」，部份珍貴的歷史鏡頭，我們更將小心翼翼地處理，再次回顧、也再次分享昔日的那份榮耀。

柒、效果評估：

歷史的—他是橫跨兩制的見證者，滄海桑田的轉變，又豈是泛白的頭髮所能訴盡。

精神的——一種台灣日漸式微的精神，求真、求美，不屈服的性格。

科學的—研究與拍攝，不是盲目、無知的，而是知識的、系統的、　有方法的。

教育的—許多小學生的作文簿裡總會寫著：「我長大要當科學家」。的確，啟發孩童多樣的興趣是重要的。而一部結合人物、 昆蟲與歷史的影片，或許可產生幾分力量。

捌、前製作業：

１、資料收集來源

由於和李博士相識近兩年，台北內湖成為我們經常探訪的地方，許多動人的故事多由李博士親自口述，而其家人也樂於提供生活的點滴。

此外，昔日李博士生長、求學、工作的環境和老朋友、新朋友，我們也將一一拜訪，以便收集最完整的資料。

２、理論回顧

在節目內容的詮釋角度上，著重於為什麼李博士所拍攝的昆蟲世界這麼生動。在節目可信度上為了求確實，因此本節目從頭至尾由一段段正面訪談李博士所組成，再加以具有引導與詮釋功能的外景拍攝以及李博士所拍攝的存檔影片。

３、核心理念

可信度是製作記錄片的重要考量，但是豐富的感性層面也不可忽視，我們希望把可信度與豐富的感性層面當為製作李博士記錄片的核心理念，使本片的影響效果達到最高。

４、工作人員及角色定位

導　演：楊家麟
顧　問：何建鎔　劉烘昌
攝　影：許鴻龍　李國豪
剪　接：楊家麟　吳泰維
撰　稿：許鴻龍
執行製作：李國豪　劉麗珠

５、諮詢顧問及參與範圍

虞勘平　腳本架構之意見提供
何建鎔　提供昆蟲研究學者之成果
劉烘昌　提供自然生態之相關資訊
歐錫坤　李博士多年好友，提供昔日影片拍攝之過程

第二節　編劇

上述的企劃書希望能帶給讀者一個依循的方向，當然，加上你對日常生活的觀察力與敏銳度，相信你一定可以寫出更好的企劃書。

在編劇方面，有些大師級的電影導演身兼編劇與導演二職，他們標榜著自己的電影表達的就是他們的思想，透過電影，他們可以將自己的意念傳達給觀眾。他們認爲做爲一個導演要有自己的世界觀，他在電影所表達的就是自己對社會和人生的看法。日本導演黑澤明有一個編劇小組，通常他先把自己的意念交給編劇小組去編寫，最後編出來的腳本一定是他的想法、他的人生觀。儘管編劇小組編大綱、寫對白，而真正貫穿整個劇本內涵的則是黑澤明的思想。

然而，臺灣電視圈戲劇性節目的工作模式並不是像黑澤明這樣的工作模式。大抵來說，有專門的文案負責，在導演接到這案子時，劇本早已寫好，導演祇能在劇本上或多或少的更動或修改，極力的表現作者論所謂生命力的說法。

有一次，公司的文案問我對腳本的編寫是否能理出一套理論，很湊巧的，我也正對這問題產生興趣並蒐集這方面的資料。整理出資料後，我認爲單機型態的電視節目製作的創作題材應該可以與電影創作題材在分類上是相同的，大致可分爲敘事與非敘事兩大結構。其敘事結構又可分爲直線發展與非直線發展兩類，而非敘事結構也可分爲分類式、策略式、抽象式、以及聯想式等四類。在這裡我必須要提一下，雖然有些人不贊同這種硬性的分類方式，但是能夠將這麼龐雜的創作題材理論化以及將它理出系統提供我們在創作時有個參考的方針總是可喜的。

敘事結構的直線發展

敘事結構中的直線發展又稱爲故事性的線性結構，這是好萊塢古典編劇的典型結構，也是大部份現今商業電影的敘事結構，其結構採用所謂的三幕式。

第一幕，介紹人物及前題，也就是佈局。

第二幕，遭遇危機及抗衡。

第三幕，解決在前題中呈現的危機。

如圖示

開端	中段	結尾
佈局	抗衡	結局

這類型的結構方式大多預設一個重大事件以及一些小事件，然後將這些事件環環相扣，緊密的連成一直線，在這過程中，劇中人物面對一連串的問題產生衝突，就在劇情堆砌到最高點的時候，問題解決，劇中人物和觀眾皆大歡喜，或淚眼相對。

至於劇情如何鋪排或堆砌，則沒有一定的論點，不過主流的好萊塢電影大多遵循一個型式，以兩個小時長的電影爲例，在故事的開端當中，也就是佈局階段，最好在前十分鐘就已經交代劇中的主要人物，以及故事的前題，之後，事件發生，引導故事以及觀眾往前走下去。

在中段當中，也就是抗衡階段，鋪陳

主角的尋求目標是甚麼，爲了這目標主角必須要克服非常多的障礙，在這期間，衝突產生，將劇情推到最高點。

到了最後一段，也就是結局，全部的焦點就是故事如何結束以及主角的結果。

這就是所謂主流電影的直線敘事結構。

直線敘事結構的主流電影有以下的幾個特點。

前題：前題是整個劇本的中心概念。通常，當劇本中的主角遭遇到問題時，前題就出來了，主角不是全力以赴就是坐以待斃。例如：在終極警探一片中，主角布魯斯威利在面對闖入商業大樓的暴徒時，選擇了抗爭，故事也因而開始。

動作線：動作線就是故事情節，動作線包括了前景故事(或稱故事主線)，以及背景故事(或稱第二故事線)，前景故事憑藉著大小事件的衝突性，將劇情一直發展下去，而背景故事則能呈現更深層的意涵，引導觀眾投入情感。例如：在吳宇森所導的英雄本色中，整個前景故事是警匪槍戰，但埋在影片中的背景故事則是狄龍與周潤發的義氣、狄龍與張國榮間的兄弟情。一般來說，前景故事容易勾起觀眾的官能感受，但是人物的表現淺薄。若能妥善利用背景故事，不祗使觀眾的感動會較深，並且能表現出深沉的意涵。

人物：人物能夠引起觀眾聽故事的興趣，觀眾最容易因爲認同劇中人物及其處境而投入劇情中。並且當人物顯露內心世界或性格弱點時，觀眾會傾向親近該人物，並進而認同他，這時該人物在觀眾的心目中已有舉足輕重的地位。

衝突：衝突是劇本的構成要素之一，大致可分爲人與人、人與環境、人自己本身的衝突。而兩極化是製造衝突的有效方法。例如警察與罪犯，富人與窮人等對比就是屬於人物衝突方面的兩極化。

對白：從演員的對白中可以顯露出該人物的教育水平、職業、大概年齡、及說話時的心理狀況。在過去，台灣電影的對白太過文言文，自從80年代後，在幾位新銳導演的努力下，對白已非常的口語化，並能表現出地緣關係。

敘事結構的不規則蔓延

敘事結構中的不規則蔓延就完全與上述的直線敘事結構不同，直線結構大多預設一件重大事件，然後設計一些副主題，副主題以下又設計一些小題，利用相關事件將這些小題、副主題直線式的串連起來，以達成唯一主題。這期間鋪設了問題和衝突，並且企圖將衝突堆砌到最高點，造成劇情的高潮，之後問題解決，全劇終了。

但是不規則的蔓延並不是靠著直線敘事結構中因果關係的連續性，也就是說，每一個場景不一定有它的作用和目的，來引發下一場景的發生，它整個的結構，沒有什麼主題副主題以及小題，而是每一個片段都有它自己存在的魅力，不光是附屬於主題的。

導演侯孝賢就是以不規則蔓延的思考方式來陳述他的電影，他喜歡把主題用片段，似相關或不相關的交織出來，例如在童年往事這一片中，就是利用生活的細節似相關或不相關的將主題烘托出來。在劇本的思考上，先是從場面的氣氛開始想起，拿這個當切入點去組織整部片的結構。例如在童年往事中，祖母說要帶阿孝咕回大陸那一場，以這一場為啓動點，輻射出來的氣息將自然瀰漫整部電影。從思考劇本時所選擇的事物狀態和生活細節，到找演員、造型、美術設計，到攝影風格、剪接、音樂，都會像磁鐵那樣的，紛紛被吸附而去，統攝於這種氣息之中。

當然，這樣的敘事結構非常不同於主流的電影結構，這種結構方式不再靠著高潮迭起的劇情遷引觀眾，相對的，它需要觀眾自己去詮釋劇情，也就是說，導演提供相當多的想像空間給觀眾。就因為是這樣，侯孝賢的電影往往沒有特定的結尾，不會皆大歡喜，也不會悲劇收場，例如，在戀戀風塵的片尾，片中主角阿遠受到感情的挫折回到家中，洗完臉後，走到屋後的田畦上，和祖父話家常，無話時，望著天上的風雲變化。這樣的結局往往會讓習慣於主流電影結構的觀眾失望的離開電影院或是還坐在位子當中懷疑電影是否結束了。

非敘事形式之系統

所謂敘事形式與非敘事形式的差別在於有無故事性(narration)，非敘事形式又可分為四大類，包括了分類式、策略式、抽象式、以及聯想式。

分類式： 就是分門別類將一件事物說清楚，例如描述青年高中，就以介紹不同的科別為切入點，先陳述影視科、家事科、汽修科　.。

策略式： 抒發論點且引用證據，在高職招生時，很多學校都是利用這種方式。如何顯示就讀在青年高中補校的學生比別的學校優秀，就以下列幾項做文章：學生出席率、報考大學入取率、以及建教合作的學生比率。然後在配合訪問周邊商家對學生的觀感來補強數據的不足。

抽象式： 以抽象的感官元素來吸引觀眾的注意。舞蹈科學生舞動的身影、戲劇科學生唱國劇的臉譜、以及音樂科學生彈奏鋼琴的手指，利用上述這些鏡頭配合著光影的利用強調出青年高中科系的完備。

聯想式： 透過鏡頭影像的組合來營造某種情緒或概念。比如男女學生在帶動唱的遊戲中臉上充滿了笑容，表現出青年高中是所青春洋溢的學校，或是在校園中學生三三兩兩的坐在綠蔭下研討，描繪出是所讀書風氣鼎盛的學校。另外也可透過剪接，與不同類型的事物合起來，造成聯想，賦予主題不同的基調。

在撰寫腳本時，尋求一個切入點，挑選一個最適合的類型，但是最好不要祇挑一個類型來表現，最好在原本的結構中融入其他的類型結構，使影片的發展空間擴大，觀眾的興趣才不會下降。例如：以分類式為主結構來介紹青年高中，在介紹舞蹈科時，透過舞姿，呈現出女學生們輕盈的身影，這種抽象的處理方式將會增加了影片的視覺趣味。

擬定節目方向後，先蒐集資料，再到現場實地拍攝與更深入的瞭解，才是做好節目的必然條件。

第三節　兩個實例

腳本是節目製作的依據，在前製階段，製作人員必須依據腳本來進行準備，導演也有所依據來選擇演員以及進行排演，在製作階段，幾乎每個製作人員都拿著一本腳本，導演也全身緊繃的按照腳本來分鏡以進行拍攝，在後製階段，剪接師更根據腳本來進行剪接。因此，從這裏可以看出腳本的重要性。日本導演小京安二郎更肯定腳本的重要性，他認爲當腳本完成時，就等於整部電影完成了。

一般來說，當企劃書通過後，便由文案人員來進行腳本的撰寫，腳本依照節目型態的不同而有不同的撰寫方式，例如廣告或戲劇節目上，腳本必須力求精確詳細，以便事前準備及拍攝工作，尤其在廣告片中，其腳本必須一個一個鏡頭詳細畫出，而且每個鏡頭的長度也已確定。在深入報導性的節目上，導演與文案應先擬個節目方向，再到現場訪問瞭解與拍攝，而後，再經一番討論後，文案即能寫出詳細的分鏡腳本。在紀錄片的製作上，由於是紀錄拍攝時所發生的狀況，導演並不會刻意的預設他所想要營造的狀況與氣氛，因此，腳本只須寫下綱要與節目結構，但爲了送審，還是必須要寫出模擬的對話與內容，而真正的腳本一直要到拍攝、剪接、配音完畢後才能定稿。

下面兩則分別是深入報導以及廣告的腳本。

VIDEO 畫 面	AUDIO 旁 白
	第五集・鄉間老樹 1997.10.2
宜蘭茶樹旁的老樹LS 老樹MS	在台灣的平地、淺山和郊野，存留著許多珍貴老樹，這些老樹比我們的祖先更早來到這裡，庇護著我們一代又一代，它是自然界的大老，也是珍貴的人文遺產。
台中大坑老樹 青年學子在樹下唱歌 月亮滿畫面	而老樹不只是一棵老樹，它伴隨著多少歷史，也看盡多少蒼海桑田，許多事物的快速變遷，唯獨老樹依舊，靜靜的觀看世間一切。
萬家燈火的俯視鏡頭 滿山遍野的五節芒 豐原五福臨門的各局部特寫	鄉間老樹是記錄台灣自然環境變遷的活標本，然而老樹的形成又是如何? 台灣的鄉間，早期原是原始林，先民開發時特別將一些視爲神樹的巨木留存下來，另外，也有一些老樹是隨著鳥糞下種而自然長成，因此老樹的形成有些是自然長成，有些則是人工種植。
新營舊部老樹Zoom In 溪床上的角度拍攝舊部老樹 堤防上的角度拍攝老樹	如果是藉由神明指示栽種，大多和辟邪祈福有關。在新營的舊部，早年時常發生水患，因此在民間有所謂“種松仔祭溪”的習俗，就在神明的指示下，種植了七棵榕樹藉以鎮住水患，立在溪床上的這棵老榕樹便是其中之一。壯闊、巨大的老榕，曾經爲了舊部的子民和洪水博鬥，它鎮住了水患，使得溪旁的村民免除了洪水帶來的恐懼。
日月老樹Tilt down小廟 水頭巷老樹的石頭小廟	正因爲民間對神樹的敬畏，鄉間老樹才得以留存下來，而“老樹配小廟”也就成爲台灣特殊的鄉間景觀。
中秋節義子相聚活動	每年農曆的八月十五日，是樹神茄苳公的生日，也是這些老樹各地義子回來相聚的日子。在台灣，民間有將孩童敬託給老樹作義子，祈求平安的習俗。
少婦牽著小孩拜拜	訪問：帶小孩的年輕少婦 談老樹義子的故事

VIDEO 畫 面	AUDIO 旁 白
樹王一路的老樹	不過老樹保佑了人們，卻反被人們所殘害。
樹幹 CU 鋪上水泥的地面	以老樹命名的樹王村，曾經鬱鬱蒼蒼，是大地的守護神，更是樹王村的精神象徵，然而卻在大家樂興盛之際，湧進不少樂迷求取名牌，攪亂了原本純靜的樹王公，也帶給老樹生存的危機。
澆灌毒藥受傷的部位 老樹 LS	老樹和人民的關係原本是和諧的，令人遺憾的是，自從大家樂風行以後，樂迷往往找上荒僻的老樹求問名牌，並大量燒香焚紙，影響了老樹的呼吸，中了名牌，便往基地灌鋪水泥表示酬謝，卻因此阻礙老樹的通氣和吸水，一旦明牌落空，甚至向老樹澆灌毒藥或焚燒樹頭洩恨，面對這樣的行為，千年、百年的老樹也只能獨自承受。
過火神轎活動	傳奇故事，是許多老樹共同的特色。
大安廟正面	在宜蘭冬山鄉，位於大安廟後方的老楓樹，有著一段戲劇性的由來。
冬山鄉老楓樹 LS 老楓樹局部特寫	幾百年前，老楓樹的位置是成片的樹林，也是原住民打獵、撿拾柴火的地方，但是當漢人有意開墾時，卻引發雙方的衝突。在一次的衝突中，其中一名漢人隨手將香火袋掛在楓樹上，後人看見樹上懸掛著香火袋，便對這棵樹起了崇敬膜拜的心。
大安廟後殿 荒煙蔓草的墓地	在長期的開墾中，當地居民相信是神明的庇佑，於是小廟經過一次又一次的改建、擴大，而昔日的老楓樹被宏偉的廟宇遮住了風華，默默的立在廟的後方，甚至逐漸被人遺忘。
橄仔樹 LS 另一角度的橄仔樹 LS 橄仔樹 MS Tilt up	而同樣位在宜蘭的冬山河畔，三棵高聳的橄仔樹帶我們跌進了兩百年前，噶瑪蘭的歷史文化中。噶瑪蘭人曾經是蘭陽平原的主人，當移墾的漢人逼迫他們的祖先，他們不得不離開家園，只剩下幾棵的橄仔樹挺立在沙丘之間。

視群傳播事業有限公司

TEAM OF VIDEO BROADCAST LT. CO.

VIDEO 畫 面	AUDIO 旁 白
橄仔樹樹冠 工作人員與噶瑪蘭人看古井	橄仔樹，植物學家稱它為“大葉山欖”，是種很特殊的民族樹種，走遍台灣，有噶瑪蘭人聚居的地方，便有橄仔樹，也許在樹蔭底下，還可以隱約聽見老人家講著簡單的噶瑪蘭語。
新社水頭老樹 LS 水尾老樹 LS	台灣早期是樟腦油的輸出王國，因此，一棵棵的樟樹消失在平地和淺山。台中縣新社鄉的水頭、水尾巷，分別保留了一棵，兩棵老樟樹遙遙相對，它們走過相同的歲月，也經歷過相同命運。
水頭、水尾老樹各局部特寫	它們在當地居民的求請和保護下，幸運的逃過日據時代的刀斧，免除了樟腦油下的犧牲品，不過數十年後，卻引來雕刻師傅的購買意圖，樹的主人對老樹有情，拒絕高價而留住了老樹。
水頭老樹 Tilt up	我們期待在千年後，兩棵老樟樹仍然禁得起考驗。
澤民廟老樹 Tilt down	大樹、鳥鳴、還有陣陣涼風。
民眾拜拜 廟前布袋戲 民眾在老樹前活動	星期天的老樹下，總會吸引許多人來到這裡，大人坐在一排排的椅子上享受涼風，小孩則爬上老樹，用身體去接觸自然。廟前的供桌上擺放著祭品，而戲台上也正為下一齣布袋戲做準備，面對老樹，除了讚嘆它的巨大之外，是否也該生起敬畏之心。
三腳貓老榕樹 LS 樹下枯葉 MS	（以下透過畫面與文字，介紹幾棵珍貴老樹） ◎義竹鄉．三腳貓的老榕樹 每天總有一位老人 拿著竹子做的掃帚 將掉落的樹葉打掃乾淨 不過 聽說老人生病了 散落一地的葉片 還等著老人回來

視群傳播事業有限公司

TEAM OF VIDEO BROADCAST LT. CO.

VIDEO 畫 面	AUDIO 旁 白
布袋鎮土沉香 FS	◎嘉義縣．布袋鎮的土沉香
	它，原生長在濕地中
以水池為前景的土沉香 LS	因為沿海的淤積、陸化
	生長在海邊的土沉香
舊有房屋下陷	已經離海愈來愈遠
逆光下仰拍神木村的老樹	◎南投．信義鄉．神木村
	最大的一棵老樟樹
仰拍神木村老樹	經過賀伯颱風的吹襲
	仍然屹立在此
老樹與老樹下的研究人員 老樹樹幹 中空的樹幹	老樹的年齡總是缺少記錄，當我們向老樹附近的長輩詢問樹齡時，最常得到的答案是“我小時候這棵樹就已這麼大”，而老樹年齡的測定也不容易，真正的樹齡應該由種子發芽算起，而理論上樹齡可以由年輪來計算，但是總不能砍倒老樹來計算，何況有的老樹腐朽中空，部分年輪早已消失。
舊部的老樹 Tilt down	事實上“老未必大，大未必老”各種樹木的生長速度並不一樣，然而“速生者短壽”則是自然界的不變定律。
新社老樹 樹枝上的桑寄生 樹幹上的天蠶 蜈蚣 吃蜈蚣螞蟻	老樹，是社區的重心，也是一個小小生態系。茂密的枝葉遮蔽了天空，也調節氣候，許多生物到這裡覓食、棲息，而依附在老樹上的植物，彷彿找到了可以終身依靠的地方，在此定居、繁衍，它們和老樹組成了一個生命共同體。
刺桐 Zoom in 刺桐樹葉	在台南縣鹽水的八掌溪旁，有一種樹名叫刺桐，一年四季的變化相當明顯，所以又稱為四季樹。正因為它具有這種特徵，對於“終歲不知春夏，老死不知年歲”的古早平埔族人，就靠它的變化來辨年識月，在《番社采風圖考》中曾經這樣描述：「番無年歲，不辨四時，以刺桐花開為一度」。如果想一睹刺桐花開，不妨在春天走一趟這裡。

VIDEO 畫 面	AUDIO 旁 白
三腳貓的老樹 樹王路的樹王廟特寫	老樹與聚落發展、居民生活是密切相關的，隨著土地的開發與文明變遷，鄉間的老樹歷經了大自然的淘汰及人間滄桑，有的老樹因道路拓寬或建造房屋，而被移植。移植，原是愛樹的美意，但是移植後的存活率並不高，僅管勉強成活，形態與尊嚴也已嚴重受損。
老楓香 LS 老楓香 MS Tilt up	園景的綠化應該由小苗幼樹種起，如果為了速成而以高價購買老樹，反而變相鼓勵盜挖老樹，造成老樹的生存危機。鄉間老樹是資深的長老，人民不該再與老樹爭地，新開道路或拓寬道路時，寧可“路讓樹”而不再是“樹讓路”。
過往老楓香的來回車輛	中橫公路上的一棵老楓香，正面臨移植的命運，不論當地居民或學者都了解，老樹的移植也就是老樹生命的結束。
機車飛馳老楓香 LS	老樹旁還立著當心兒童，提醒著過往車輛，而老樹的安危，是否也值得您的重視。

愛護野生動物—福爾摩莎.牠們的家篇

FRAME 畫面	秒數	鏡頭說明/字幕
 林務局從六十三年起陸續 設立35個自然保護(留)區	4" 鏡次 0 1	O.S 林務局從六十三年起陸續設立了35個自然保護區。
	3" 鏡次 0 2	百步蛇在爬行
	4" 鏡次 0 3	帝雉雄鳥與雌鳥於林道上覓食
	4" 鏡次 0 4	台灣獼猴在樹上玩耍

愛護野生動物—福爾摩莎.牠們的家篇

FRAME 畫面	秒數	鏡頭說明/字幕
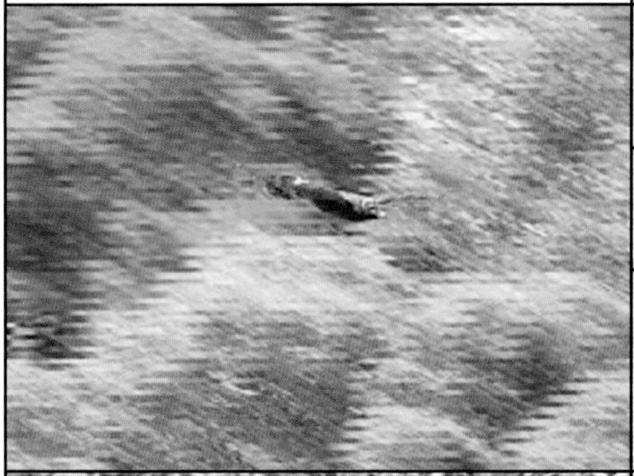	4” 鏡次 0 5	大冠鷲翱翔於保護區上空
	3” 鏡次 0 6	爬出洞口的穿山甲
	4” 鏡次 0 7	山羌在草原上覓食 CS.
 林務局與您一同守護台灣的山林 台灣省林務局 製作 行政院農委會 指導	4” 鏡次 0 8	OS： 林務局與您共同守護台灣的野生動物

第三章 構圖

第一節何謂構圖

畫面的經營

什麼叫做構圖?很多人認爲構圖只是將畫面做一安排以達到和諧吸引人的效果。事實上,並沒有這麼簡單,構圖是一種組合畫面的方法,使得觀者能夠直接的被吸引到創作者所想要表達的重點。

構圖的創意空間

在構圖的表現上,大致可區分成三種狀況。在最好的狀況上,服裝設計師可以盡情的創作設計出他所想要表達的理想作品。退而求其次,電影或電視場面設計師可精心安排規劃理想中的拍攝場景與所有的陳設。然而,很不幸的,攝影師則位於受限最多的狀況之下,因爲攝影師只能選擇性的拍取現有的環境與主體,盡可能的展現他所想要強調的重點。

構圖最基本的方法就是簡單化。簡化圖框的視覺要素能夠凸顯強調出創作者想要表現的重點,其方法是以簡潔的方式將主體有組織的構圖。

以下是攝影師爲了調整構圖而採取的方法:

調整拍攝的範圍:取景時,爲了達到簡化的基本訴求,必須要仔細的審視觀景窗的構圖,將多餘的事物去除。或是改變主題在圖框內的位置,以強調重點的訴求。

上面一張照片由於拍攝到周邊的環境，整張照片顯得雜亂而沒有張力，而在另一張照片中，攝影師將相機往右移動，改變主體在圖框內的位置，重新構圖後，即得這一張照片的效果。

調整攝影機的位置：我們了解當主體距離太遠時，會使得圖框中的主體太小，而表現不出重點，最簡單的解決方法就是接近主體拍攝。其次，更換拍攝的相對位置也可增進構圖的簡化工作，拍攝時，降低拍攝的高度，能夠增加前景事物的重要性。另一方面，當攝影機橫向位置改變時，即能輕易的將多餘的事物去除，以達到簡化的效果。

在上面這張照片中，所呈現的是幾何圖形的茶園及成排的檳榔，而在另一張，攝影師移動位置以降低拍攝的角度，藉此凸顯出前景茶園的重要性，並且利用後面幾何圖形烘托出前景茶園。

攝影時，改變橫向位置的攝影角度能夠改變主體所呈現的風貌。

使用長鏡頭並開大光圈，將色彩複雜的背景轉化成色彩單純的色塊。

改變攝影鏡頭: 更換鏡頭是改變構圖的另一方法,因爲望遠鏡頭的攝角較狹窄，所以它是去除景框中贅物的最佳鏡頭。並且利用鏡頭光學的特性,在視覺上有縮小拍攝者與主體間距離的作用來強化主體的重要性。另一方面,在鏡頭的使用上，利用光圈全開、景深較淺的特性，能夠將色彩複雜的背景轉化成單一背景。

心理的補償：

看到這張照片時，你一定很自然的覺得這座山很像一隻猴子，這時你的心理補償已經在運作了。

按照心理學的觀點，每天認知新事物時，我們對於這複雜甚至紊亂的環境，總是會想辦法理出頭緒來，方法之一即是我們心理上會很自然的產生視覺訊息來填補斷層以達到簡而易辨的圖形或結構，這種認知上的活動稱爲心理的補償。

看附圖，當你看圖中這些排列得亂七八糟的點時，你心理已無形的想辦法將這些點排列出你所能識別的圖形了。

這也可以解釋當遊覽一旅遊勝地時，導遊總會告訴你這塊石頭像隻牛或是一隻猴子，而你總會端詳再三，運用你的心理補償，然後很興奮的高聲喊叫確實好像猴子或是失望的懷疑自己爲何看不出來。

爲了補強這個觀念，現在請你的視線暫時離開書本，掃看你的四周，你會發現沒有任何一樣東西你可以看得完完全全的，除非你將它拿起來並且從各種角度來觀察。然而，我們並沒有這麼做就能夠分清楚每天所接觸的事物或環境，因爲我們很自然使用了心理補償，填補了我們所沒有看到的部份。

當導演或攝影師想要將他所看到的環境或事物表現在這麼小的電視銀幕時，觀眾勢必看的更少。這就可以解釋爲什麼電視導演或攝影師總喜歡使用特寫，因爲他們必須要提供被拍攝物體的細節，觀眾才能夠運用心理補償將圖框的景物補全。然而，當你選用鏡頭表現主題時，要如何取景，好讓觀眾明瞭易懂，將是我們緊接下來所要探討的。

在電視銀幕的兩度空間上，爲了要讓觀眾明瞭易懂，導演總是儘量選擇安排他所要表現的視覺因素，使得觀眾能夠排列組織成簡單的圖形。

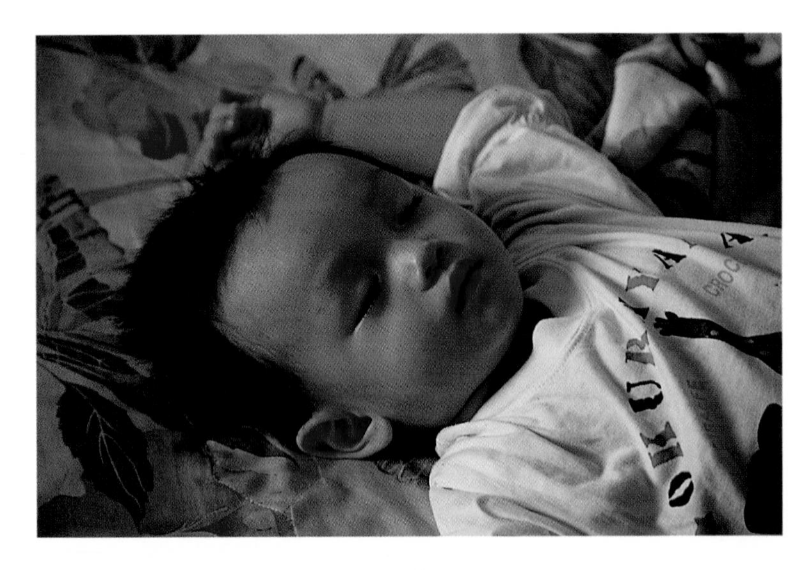

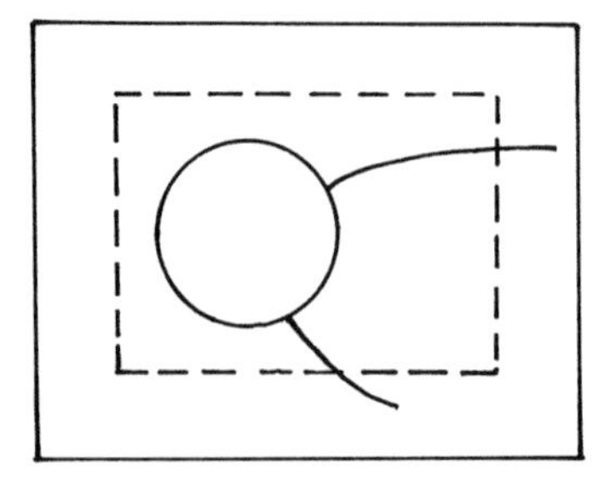

利用長方形的概念，將主體適當的裁切。

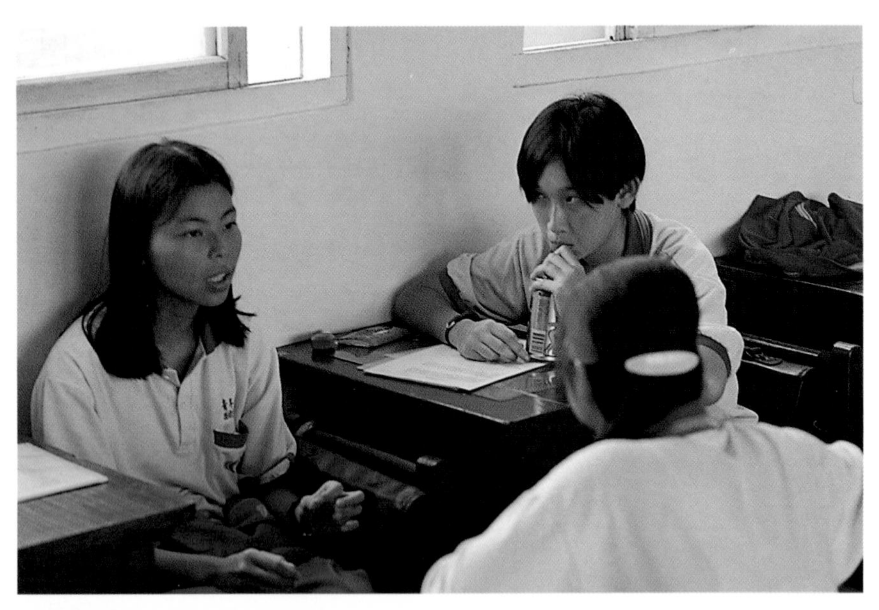

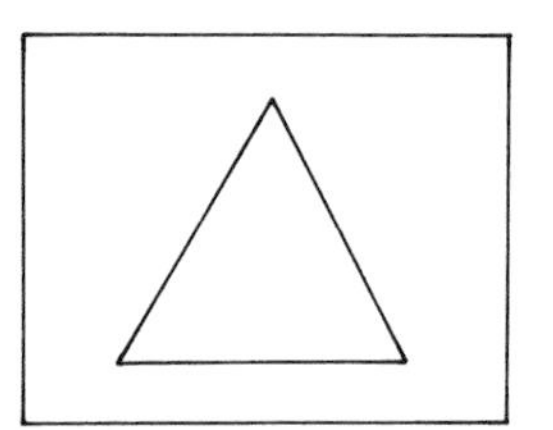

利用三角形的概念，將主體適當的選擇裁切。

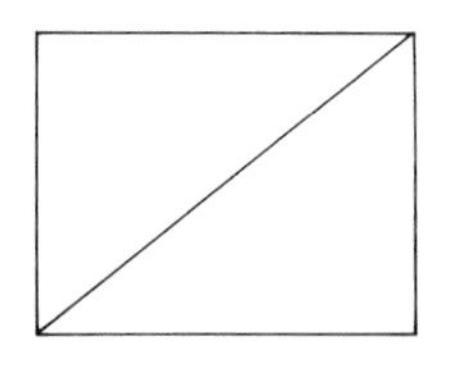

利用對角線的概念，將主體裁切以凸顯出攝影者所要表現的重點。

圖案訊息

當你在取景時拍攝主體局部，必需要審慎小心，不然觀眾無法運用心理補償去填補沒有看到的部分來瞭解主體的全部面貌。在這張圖中，我們沒看到照片主角上方的頭部與身體，但是我們本能反應瞭解她有完全的頭部及身體，這是因爲這張照片的構圖提供了足夠的圖案訊息，使得觀眾能運用心理補償來填補這張特寫照片所沒有包括的畫面。

不成熟的補償

當你不適當的構圖時，圖案訊息不夠充分，觀眾的心理補償無法運作，使觀眾沒有辦法聯想體會出畫面所沒有表現出的部份，這樣的情形我們稱爲不成熟的補償。在附圖中，主體的頭部佔滿整個圖框，頭部的輪廓自成一圓形，並且形成高度穩定和封閉性的圖形，如此一來，沒有圖案訊息刺激觀眾聯想畫面外的部分。這樣的構圖所造成不成熟的補償，會使得觀眾認爲頭部與身體是分開的。

自然分割線

當你構圖時，切割在人的自然分開線時，將會產生不成熟的補償。這些自然分割線即是我們所稱的關節部份，諸如手肘、膝蓋、以及腳踝。因此，當你構圖時，不要裁切到人的自然分割線，否則你將阻斷觀眾的心理補償。

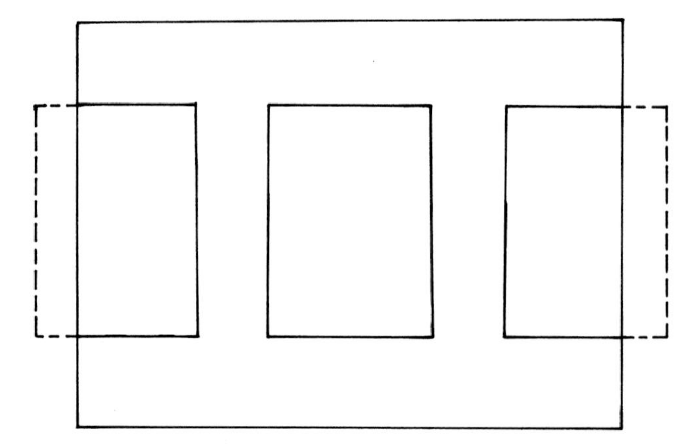

不只人有自然分割線，物體也有。在附圖上，如果你構圖正好裁切在窗戶的邊緣，觀眾不會聯想它們是一整排窗戶，而認爲只有三面窗戶。但是如果你如附圖這樣裁切，提供了充份的圖案訊息，激發了觀眾的心理補償，使得觀眾聯想出一排窗戶的畫面。

不正常的補償

當我們對於這個複雜甚至紊亂的環境想辦法簡單化以理出頭緒時，有時因爲不當的構圖而產生錯誤的圖案訊息而誤導了觀眾，使得觀眾很自然的將不屬於一起的視覺因素組成一起，以拼湊出一個圖形。在這附圖中，由於在這女同學後面的電燈桿延伸了我們的視覺，使我們下意識的認爲這電燈桿與這女同學是合併的一個圖形，然而我們知道這電燈桿是不可能從這女同學的頭上長出，因此使我們在視覺上產生了困惑。

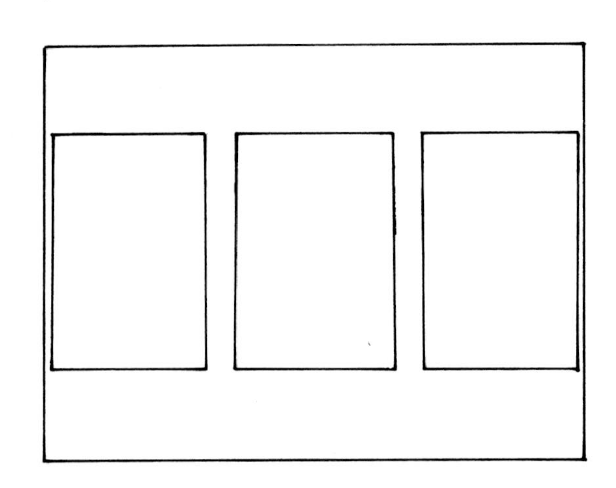

第二節 電視構圖的表現方式

長短鏡頭的選擇

每個鏡頭都有它的優缺點，使用較寬的短鏡頭有以下的特性：

a．表現事件發生的地點

b．表現出主題間的相關位置

c．建立氣氛

在短鏡頭的使用上，觀眾會傾向忽略圖框中的細節。譬如以遠景來表現一家畫廊，觀眾不會注意畫廊內的單幅畫作，而會自然傾向的注意上述短鏡頭所表現的特性。

較緊的長鏡頭有以下的特性：

a.表現細節

b.凸顯強調出特性

c.顯現出反應

d.戲劇化

然而，祇使用長鏡頭來鋪陳劇情，觀眾無法瞭解環境與主體。適時的使用短鏡頭與長鏡頭才能表現出主體的環境與細節。

明瞭長鏡頭與短鏡頭這些特性後，就讓我們更深入的來探討遠景、中景、以及特寫的特性。

以短鏡頭表現出環境，再以長鏡頭表現主體，才能夠滿足觀眾的視覺需求。

一、遠景(long shot):

在遠景中，主體面部的表情雖然不明顯，但是可以表現出主體所在的環境。因此，導演經常以遠景做爲一場景的開始，並且把遠景當作確定鏡頭(Establishing shot)來使用，其原因就是因爲遠景可以表現出主體之間、以及主體與環境之間的關係。

二、中景(Medium shot):

當鏡頭縮窄變成長鏡頭時，在圖框中環境已不是重點，觀眾受到場景與光線的影響相對的會降低。然而，畫面主體的強度漸漸增強，演員肢體語言與面部表情的重要性也變強。

在取景上，中景是介於遠景與特寫之間，畫面的張力相對的介於在表現環境的遠景與主體表情的特寫之間。

三、特寫(Close-up):

與遠景以及中景比較起來，特寫是強而有力的鏡頭，並且能夠強調出畫面的興趣點。當畫面的主體是人時，特寫鏡頭的使用可以表現出主角的反應與情緒。

特寫是強而有力的鏡頭。

一連串特寫鏡頭的剪接可使得節目節奏加快，迅速捕捉觀眾的注意力。

有時候導演並不會使用遠景，而使用一系列的特寫鏡頭來舖陳劇情，這種表現手法是導演利用觀眾的好奇心，慢慢將主體表現出，以滿足觀眾期待的心理。另一方面，一系列特寫鏡頭的使用可以加快節目的節奏，較容易抓住觀眾的注意。

其實中景、以及特寫是指鏡頭與鏡頭的相對性而言，善用這三種鏡頭能將主體所在的環境與主體本身清楚的傳達給觀眾。下面這三個鏡頭就能清楚的表現出爬樹採種工作的艱辛與危險。

四、其它鏡頭

除了上述的三種鏡頭，就以過肩拍鏡頭(over-the shoulder shot)較為特殊。

過肩拍鏡頭即如附圖所示，以一個人的肩膀為前景來拍攝另一個人。其特性乃是強調兩者的關係，以達到一種互動的效果。

第三節 單一不動鏡頭的構圖原則

構圖時，導演的基本目的就是盡可能的表現出鏡頭中主體的意義和內涵。而鏡頭構圖的適當與否直接影響到導演意念的傳達，甚至影響到劇情的舖陳與強化。

就單一不動鏡頭的構圖來說，與繪畫構圖原則非常相似。以下就讓我們逐一來加以討論。

藍天、大海、與海港都非常的美，但是同時表現在一張畫面，就顯得雜亂而沒有特色。

視覺重點:

在任何一個單一畫面中，祇能有一個視覺重點，如果有第二個視覺重點的產生，就會影響觀眾對主要視覺重點的注意。如果畫面有很多特點，導演這時就需要決定那一個特性是他想要表現的重點，然後經過適當的構圖加以剪裁以凸顯出他所想要表現的特點。

經過選擇，並重新構圖，就得這張佳作了。

線條的使用:

在攝影構圖上，線條是引導觀眾注意力最有用的方法之一，至於如何安排線條則會影響到它們在畫面上的強度。善用主體無形的視覺線條能夠有效的導引觀眾注意你所要強調的重點。

經由這老婦人無形的視覺線條，讀者的視覺重心會順著這線條落在這老婦人手上的麻雀。

經由線條的交叉，導引觀眾注意力到特定地方則是最簡單又最有用的方法，因爲觀眾的眼光會很自然的順著線條走到交叉點上。在這例子中，青蛙位於葉片的後方,很自然的引起觀眾的注意,因爲這不規則的長方形圖框引導觀眾的注意力集中在這青蛙上。

在戲劇表現上，演員位於窗後會很自然的引起觀眾的注意，因爲演員被交錯的窗戶線條所區隔。在這張照片中，這長方形的圖框引導觀眾的注意力集中在這對情侶身上。

聚合的線條有時並沒有真的交叉在一起,但是在觀眾感受中,卻交叉在遠方的一點。如附圖，教堂建築物的線條與地板的線條引導觀眾的注意力到遠方的拱門。

黃金分割:

沒有任何公式可以產生美感，但是幾百年前，藝術家們普遍接受一個可以達成合諧比例的公式黃金比例或黃金定律(the Golden Section or Golden Mean)。很多的畫家、雕刻家、以及建築師在他們的創作中都利用這條定律以達到他們理想的作品。

當你將一條直線分割到最舒服和諧的狀況時，你會發現這些非常有規律的片段完成符合黃金定律。而這些片段正是以小段對大段猶如大段對全部的比例互相對應著,按數字來描述,小段比大段是3比5。

很多攝影學派將黃金定律應用化，方法是畫出分割出縱與橫各三等份的四條線，他們認爲這四條線所相交四個點的位置正好符合黃金定律的推算。在表現上，他們認爲將所要表現的重點放置在這四個點中最能夠產生理想的比例，而這種構圖的方式就被稱爲黃金比例的構圖方式。

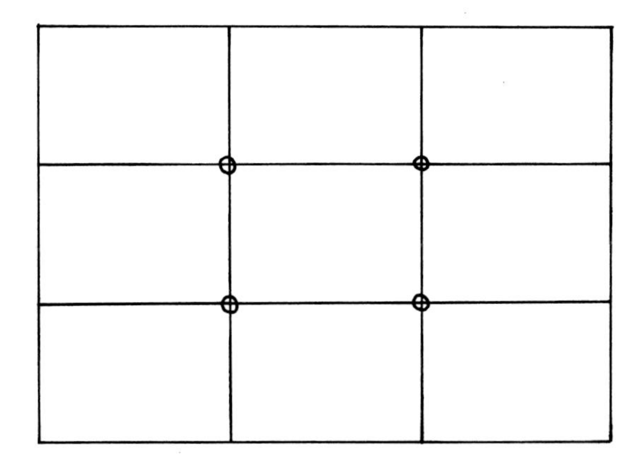

視覺重量:

請在右邊的兩張附圖中，分析那一張是上坡，那一張是下坡。

一般來說，你會說左邊的圖是往上坡,右邊的圖是往下坡,其原因是我們會傾向注意畫面中右邊的主體，至於是什麼原因來解釋觀眾會較注意右邊的主體,有些書提到是因爲閱讀習慣使然，而有些書認爲是右腦控制反射神經。總之，當我們觀看照片時，應該都是從畫面的左邊開始，然後從畫面的右邊結束。所以導演利用這個傾向,會要求演員往畫面的右邊運動,或是將想要表現的重點擺在畫面的右邊。

在左下圖中,我們的視覺重心落在右邊偷窺的人上，而在另一張，視覺重心在被窺視的人身上，利用這種微妙的關係，在戲劇表現上，可以凸顯主被動的關係。在訪問性節目中,導演會要求客人坐在畫面的右邊，以凸顯客人的重要性，而在做新聞性節目時，由於右邊的視覺重心較重，所以當顯示圖案資訊時，鏡頭會將主播往左移動，因爲主播發聲播報新聞，在畫面比較上自然比平面的圖案重，爲求視覺平衡，所以將播報員往畫面的左邊移動。

頭頂空間(headroom)：

不管在室內或室外，在我們的頭頂上總有一些空間，所以當構圖時，不論是特寫、中景、或遠景，都必須在頭頂上留下空間，稱爲頭頂空間(headroom)，這樣的構圖會使主體看起來非常的舒服以及沒有被圖框限制住的感覺。然而，如果構圖不當，頭部緊臨圖框上方，則會產生壓迫感。

(翻攝於電視畫面)

1

2

3

視覺空間(leadroom)：

如果演員不是正對著攝影機，演員一定是朝著某個方向觀看或者運動，攝影構圖時一定要在演員視覺前方留有空間，稱之爲視覺空間(leadroom)。如果沒有適當的視覺空間，整張照片將失去平衡而產生壓迫感。

視覺觀點

拍攝的攝影角度對於觀眾的認知有非常大的影響力，譬如在戲劇表現上，攝影角度的選擇會影響觀眾對於鏡頭所呈現的動作產生不同的詮釋。如附圖在圖一中，觀眾可能認爲這中年人喝醉了，在圖二中，這中年人可能衹是睡著了，在圖三中，觀眾會感覺這中年人非常的孤獨。

第四節　電視銀幕大小

電視銀幕是導演與攝影師表現創作的舞台，銀幕的大小會直接影響觀眾接受訊息的程度，與電影比較起來，不管電視銀幕的尺寸有多大，電視銀幕還是非常的小，為了讓觀眾看清畫面中的細節，電視導演傾向多使用特寫與中景，以表現畫面中的視覺重點。

電視銀幕的比例與構圖

在構圖時，一定要有一個觀念，電視銀幕是一個固定的方格，它的比例是4比3，電影與高畫質電視是16比9。畫面比例4比3的優點在於銀幕寬度與高度差別不大，不足以凸顯出任何一邊，當導演想表現寬廣的景物時，不需擔心在畫面的頂部留下多餘的空間，當表現主體高度時，也不需擔心留有太多的畫面邊緣。

然而，當電影導演想要表現非常高的建築物，在構圖時就會碰到困難，因為導演不能改變電影銀幕比例的特性。

不論是表現寬廣的景物或是巍峨的建築物，電視畫面都能處理的恰到好處。

電影畫面就祇擅長表現寬廣的景物。

針對這個特性，銀幕比例4比3的電視銀幕非常適合表現人物的中景與特寫，因爲人物的主要特徵可以佔滿整個畫面。

由於電影銀幕大的特性，電影導演傾向以遠景當開頭，再切到特寫。

銀幕比例的不同而影響表現方式

正由於電影畫面大的特性，在表現連續畫面時，導演傾向於由遠景拉近來堆砌，稱之爲漸次拉近法(Deductive Approach)，相對的，由於電視銀幕小的特性，導演是由特寫的堆砌來加以表現，稱之爲漸次擴張法(Inductive Approach)。

利用銀幕小的特性，電視導演
常先以特寫來鋪陳劇情。

第五節 Z 軸的表現方式

和繪畫與攝影一樣，電影電視媒體是將我們所生活的三度立體空間轉化成二度的平面空間上。然而幸運的，觀眾在視覺上自然而然的接受這種轉化，並且把在電影電視上的物體認爲具有長、寬、與高的三度空間。

不過，也和繪圖與攝影一樣，電影電視在Z軸的表現上是屬於視覺錯覺性，同時被認爲最具有表現創作的空間，因爲電視銀幕的寬度與高度是固定的，不過在Z軸的表現上，縱深感則是無限的。

縱深感的運用，在立體銀幕表現上，畫面的物體對觀眾而言會凸出銀幕，但是在尋常的電視上，縱深的感覺則是從銀幕開始一直往後延伸。

因此在構圖表現上，充分的運用縱深感將會使畫面具有延伸感，也更具有說服力，以下是五項建議使用的方法。

重疊的面：物體的交相重疊，使得後面物體的一部份被前面的物體所遮蔽，從這些互相被遮蔽的物體中可顯示出縱深感。

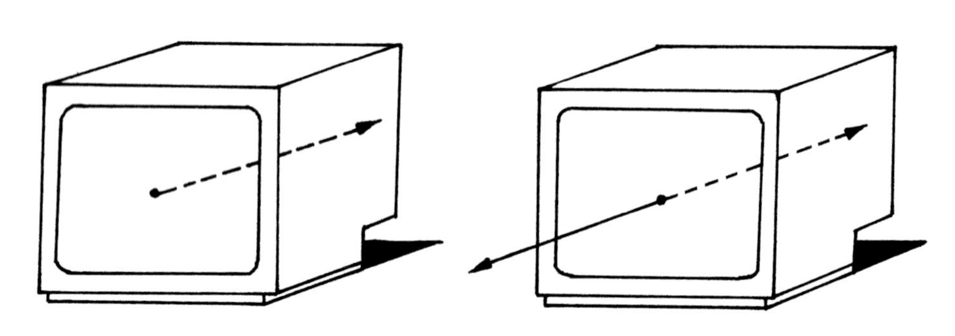

縱深感的運用，在立体銀幕表現上，畫面的物體對觀眾而言，會凸出銀幕，但在尋長的電視上，縱深的感覺則是從銀幕開始一直往後延伸。

相關大小的遠近：從呈現在畫面的主體大小與相互位置，可表現出畫面的縱深感。

雲霧的使用：大氣中的飛塵與濕氣使得近處的物體看起來比遠處清晰，這種表現方式尤以拍攝群山尤為凸出。

光影的組合： 善用光線與光線所造成的誇張陰影，也能產生畫面的縱深感。

線條的延伸： 線條的運用是表現縱深感最有力的方法，其特徵是所有平行的線條會在遠方匯集成一點，而且不管是縱線或是橫線會在越來越遠的地方匯集在一起。

第六節　動態畫面

以上所提到的構圖原則都是主體與所在的環境是不動的，至於畫面中主體的移動或是攝影機運動的構圖原則又是如何？不管是畫面中主體移動或是攝影機運動，我們統稱爲動態畫面。

再次的提醒你，構圖原則不是金科玉律，它只是人們對於線條組合的反應上做出整理與歸納。構圖的真正要意是如果你不適當的組合畫面，觀眾可能會被誤導，甚至觀眾的興趣消失而無情的轉換到另一頻道。基於這樣的認識，動態畫面的構圖原則就不單是畫面的選擇安排這麼簡單了，嚴格的說，它是控制畫面要素，並進而產生意念的方法。

動態畫面的優點

單張平面照片很少能持久抓住觀眾的注意力，而動態畫面能夠維持較長的興趣以吸引觀眾。導演經由適當的構圖，能夠豐富其動態畫面，並且導引觀眾注意他所想要表現的重點。並且由於畫面的持續變動，導演能夠改變主體的重要性、引導改變觀眾的視覺重心、增加或減少畫面的資訊、以及表現主體的動作與劇情的發展。

但是，需要注意的是觀賞一張靜態畫面時，觀眾有相當大的空間與時間慢慢欣賞，但是在動態畫面上，觀眾必須要在下一個鏡頭變化前，吸收畫面中的重要資訊，特別在一些快節奏的鏡頭表現上。

動態畫面的速度表現

在每天的生活當中，我們常常對於周遭的動作與速度做了一些主觀的判斷。例如我們在高速公路的戰備跑道上開車，由於路面寬廣，常超速而不自知，但在省公路上，由於沿街五顏六色的巨大招牌快速往後移動，我們又傾向於高估自己的車速。

觀眾觀看動態畫面時，也是有上述的情形。因爲觀眾在二度空間的電視畫面上看不出速度來，只能從畫面的線索中引伸出來，例如一架快速的F-5E在藍天中飛行，觀眾感覺這架飛機好像飛行速度很慢，然而如果觀眾的觀點是飛機的上面，看到飛機在蓊鬱的檳榔樹上飛行時，就能感受到速度的感覺。

動態畫面的構圖原則

當主體在移動時，在構圖上，視覺空間會因主體運動的速度而有所不同。主體移動的速度緩慢，只需將主體放置畫面中

該名女孩前進的速度加快，視覺空間相對的也應該加大。

央的後面一點，當主體移動的速度加快時，視覺空間相對的也要加大。

在另一方面，拍攝時，主體保持不動，攝影機卻移動並刻意在畫面的一邊留下空白，這時觀眾會預期有人將會走進畫面來。如附圖，當攝影機往右水平移動包括畫面右邊門口時，觀眾會預期有人會從門外走進來。

所以，當畫面的主體出鏡或是入鏡時，攝影師經常要重新構圖。 然而，有時爲了戲劇效果，攝影機保持不動，這種畫面的不平衡會強調鏡頭中的那演員，並且表現出場景的氣氛。

當一人物出鏡時，攝影師必須要重新構圖。

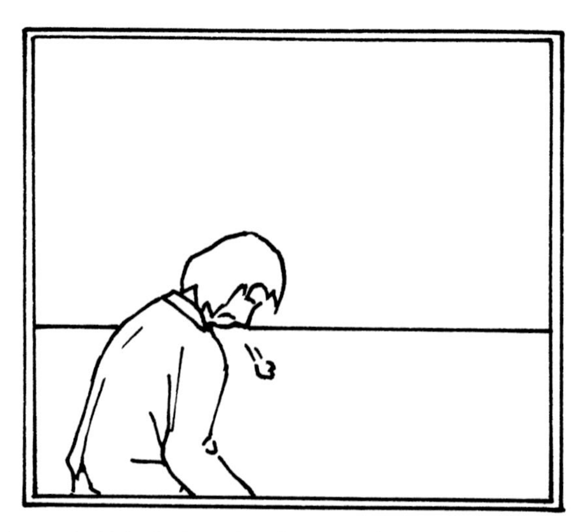

為了戲劇效果，當人物出鏡時，攝影機保持不動，畫面的不平衡刻意強調場景所蘊釀的氣氛。

第四章 電視攝影機

任何富有創意的點子都需付諸實行，才有可能變成節目，這個階段就是所謂的製作期production period。在節目創作中，攝影機正如同作家手中的一支筆，必須經過它，才能夠將心中的意念影像化表現出。

第一節　電視攝影機成像原理

攝影機的組合部分

專業電視攝影機包括三大部份，第一部份是鏡頭(Lens)，第二部份是電視攝影機本身，這包括攝像管(Camera tube)或攝像板(Charged couple devices or CCDs)的影像感知器，它能把從鏡頭進入的光線轉化爲電子訊號。第三部份是觀景窗(Viewfinder)，從這觀景窗中可以看到鏡頭所拍攝到的景物。

攝影機的製作原理

全部的電視攝影機都是一樣的運作原理，將光學影像轉化成電子訊號，然後再將電子訊號再度轉化爲可見的銀幕影像。如附圖：(1)物體所反射的光線經過鏡頭(2)聚集在影像感知器上，轉化成電子訊號 (3)經過了處理，再度的在觀景窗上轉化爲可見的銀幕影像。

影像感知器

將光線轉化成電子訊號的影像感知器是電視攝影機最重要的部份，影像感知器分爲兩大類，一是攝像管(tube)，一是攝像板(charged coupled devices or CCDs)。雖然攝像管攝影機在電視界中已使用了40年，但是現在的攝影機絕大部份使用攝像板。

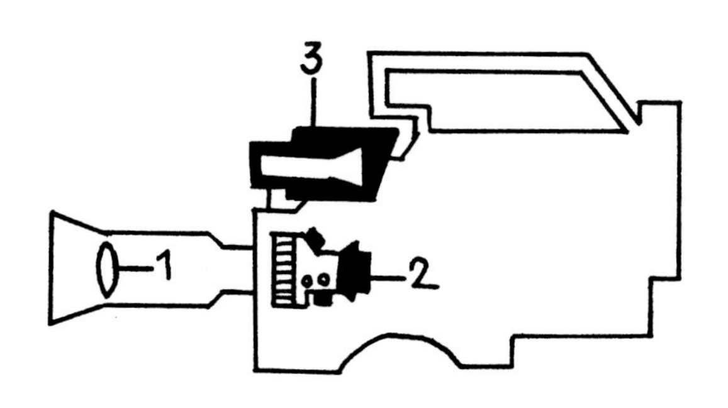

攝像板

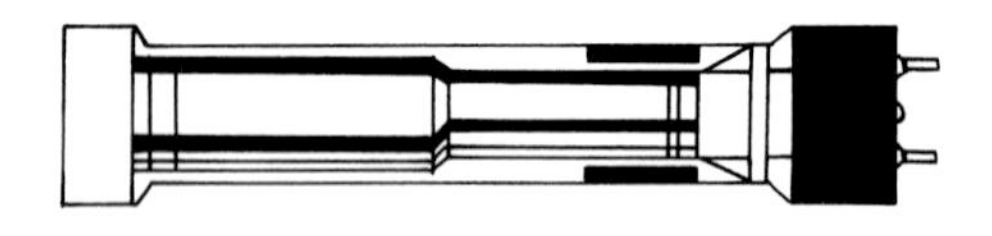

攝像管：這個攝像管是用在高品質的攝影機上，具有高解像能力。

如附圖，攝像板是由數以千萬的pixels所組成，每一個pixel能夠將光線轉化成電能，光線的強弱與pixel所產生的電能成正比。

拿pixels所組成的攝像板與攝像管比較，攝像板具有以下優點：

* 良好的色彩傳真，色彩失真及雜訊干擾情況不易發生
* 較能處理較高的亮度以及較大的明暗對比
* 攝像板的壽命幾乎與周邊的線圈網路一樣長，而且耐震性強
* 耗電量相當的小，非常適合攜帶式攝影機
* 能夠處理極暗的光線
* 較不會被強烈的光線燒壞，而且拍攝強烈的光線時，也不會產生殘像

攝影機的種類

一般來說，我們區分攝影機為兩大類，一是在攝影棚內使用的攝影機(studio camera)，一是在攝影棚外使用的ENG。

在攝影棚內所使用的攝影機大部份是使用攝像管，對於畫面的處理能力非常的強，但是由於體積龐大，因此受限在攝影棚中。

Electronic News Gathering or ENG攝影機當初是為了每天的新聞外拍工作而設計，並且針對外拍的機動需要，而改採攝像板做為視覺感應器。由於品質的大幅改良，以及上述使用攝像板的種種優點，現在的外景工作隊不論是拍攝紀錄

片、生態片、甚至戲劇片都用這種攝影機，堪稱現在攝影棚外的主流。

現在台灣實務界的主流ENG是SONY 537 Betacam SP或SONY 637 Betacam SP或SONY 90 Betacam SP，它們的優點是攝影機可以與錄影機合爲一體，在實務界上我們稱攝影機爲前掛，錄影機爲後掛，其優點是後掛的錄影機可以是Betacam SP、Hi 8、或S-VHS型，當併合在一起時，就統稱爲Camcorder。

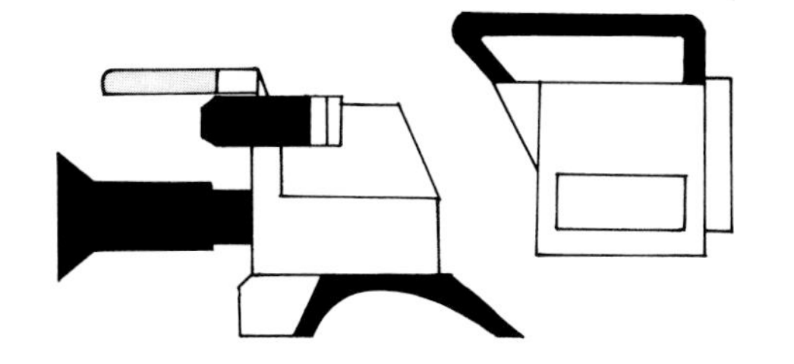

第二節 攝影機的電子特性

工欲善其事，必先利其器，懂得自己手上攝影機的一些重要特性，自己面對特殊狀況與環境時能胸有成竹。這些攝影機的重要電子特性包括了解像力、光線的敏感度、明暗對比、以及白平衡。

解像力

影像感知器是攝影機最重要的部位，也是決定畫面清晰或是解像力的最重要因素。因爲解像力取決於掃描線以及 pixels 的多寡，每一條掃瞄線擁有越多的 pixels，畫面的解像力就越高。

光線的敏感度

由於影像感知器的工作是將光線轉化成電子訊號，因此攝影機需要光線來轉化成視覺訊號，至於到底要有多少的光線才能產生足夠的視覺訊號，則取決於影像感知器的敏感度，攝像管或攝像板的敏感度越高，所需要的電能就越少。看到這裡，或許你會很納悶的質疑爲何家庭用的攝影機所需要的光線比專業的攝影機更少，那是因爲家用攝影機不需達到專業級的畫面水準，因此犧牲了畫面的清晰度，只求錄下影像。

不過，使用專業攝影機，仍可以在極低的光源下產生畫面，你只要加大電流來加強視覺訊號，其功效就如同視覺感應器接受到足夠的光源。這個功能在專業攝影機上稱爲gain。然而伴隨著gain的使用，雜訊將會發生，色彩也會失真。

對比範圍

跟我們人的眼睛比起來，攝影機能夠真實表現出最亮與最暗的明暗層次範圍非常有限，這種限制我們稱爲對比範圍(contrast range)，並以比率來加以比較。一般來說，人的眼睛對比比率(contrast ratios)大概是100:1，使用攝像板的攝影機，對比比率是40:1，而使用攝像管的攝影機，對比比率是30:1。這意味著畫面上最亮的部份不能超過最暗的部份30倍，否則最亮的部份會整個反白，不然就是最暗的部份變黑而失去細節。

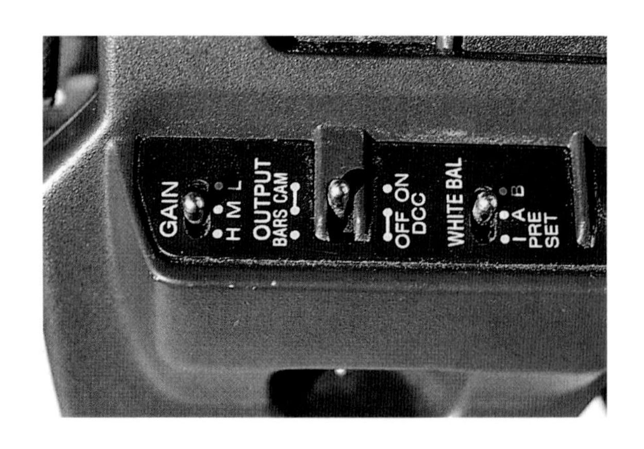

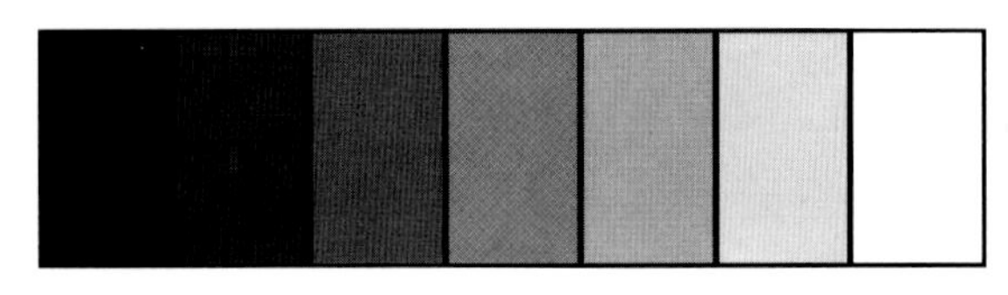

電視明暗層次範圍

殘像

使用攝像板攝影機的最大好處之一就是免除產生殘像的可能，使用攝像管攝影機就無法避免這種情況的發生。所謂殘像就是指攝像管會持續顯示一道光條，甚至上個鏡頭的負像會出現在後面所拍攝的鏡頭畫面上。殘像的產生是由於你將攝影機對上強光，譬如棚內的燈光以及棚外的太陽，或是因爲你長時間拍攝高反差的景物，譬如拍攝站在明亮窗戶前的女孩，或是黑玻璃上的太陽反光。輕微殘像的產生讓攝影機些許的休息或對著白卡，或許還能搶救成功，不然就要將攝像管換掉了。這就是爲什麼每當學生將攝影機對向燈光時，助教非常緊張的趕過來對學生怒目相向的原因了。

使用攝像板就沒有這個危險性，不過也不要對著太陽zoom in到特寫太久，相信在小學時你一定玩過放大鏡把火柴點燃的實驗吧，當你拍攝太陽特寫太久，光線雖然不會使攝像板產生殘像，但是從鏡頭進入的光線會產生熱能燒壞攝像板的周邊設備。

白平衡(White balance)

明瞭白平衡之前，必須先瞭解什麼是色溫。色溫是我們計算白色光線中的紅色與藍色相互關係的標準值。或許你會注意到教室天花板上的日光燈與書房的鎢絲燈放射出不同的光線，事實上，日光燈釋放出藍綠色的光線，鎢絲燈則釋放出紅色的光線(參看第六章燈光)。

光線的顏色差異可以精確的計算，並且以色溫的度數來加以表達。值得再一次注意，色溫並不是如字面上的解釋，色溫是白色光線中藍色與紅色的相關值。與日正當中比較，夕陽西下時，太陽釋放出較多的紅色光線。

因爲色溫的不同，不管使用照像機或ENG時都會有偏色的可能性。因此在ENG拍攝之前，必須要先調整白平衡，以避免產生偏色。

使用白平衡的方法是對著一張白紙，並且Zoom in至滿畫面，然後將對白按鈕撥上大約幾秒鐘，即完成白平衡的步驟。

以下是對白時應當注意的要點:

* 應當順著光源對白，不要向著光源對白。
* 對白時，注意不要有反光的產生。
* 先選擇好濾鏡再對白。

在實務界中,有些攝影師喜歡使用預設白平衡裝置(preset),其原因可以省下對白的時間,並且保留住真實的色彩。不過使用預設白平衡裝置的缺點在於當光源過於複雜的話，有時色彩會偏色蠻嚴重的。

專門拍攝生態片的攝影師許鴻龍先生就偏好使用預設白平衡裝置,他指出如果他每次都要對白的話,珠光鳳蝶早就飛跑了,更別提拍攝金翼白眉或敏感的長鬃山羊了。他更提到使用預設白平衡裝置可以保留住淸晨或日落所應有的色彩，因爲日落時，光線會明顯的偏黃，如果運用白平衡調白後，那種偏黃的色彩將會消失，因此，他認爲如果要保留住所應有的色彩最好使用攝影機內設的preset。但是他又指出並不是每一型號的攝影機都適用這種方法，因爲每一型號的preset內定值都不同，最適合台灣使用的應該是Betacam 537 A。

攝影機功能說明圖

雖然各種攝影機的設計都有所不同，然而一部專業級的攝影機必須具備以下各功能。

1. 通常是指向性麥克風
2. 遮光照
3. 光圈
4. 焦距控制環
5. 伸縮鏡頭手動控制器
6. 光圈控制環
7. 白平衡調整器
8. video gain, color bars，攝影機開關
9. 濾鏡轉換環
10. 伸縮鏡頭電動驅動器
11. 光圈手動自動切換器

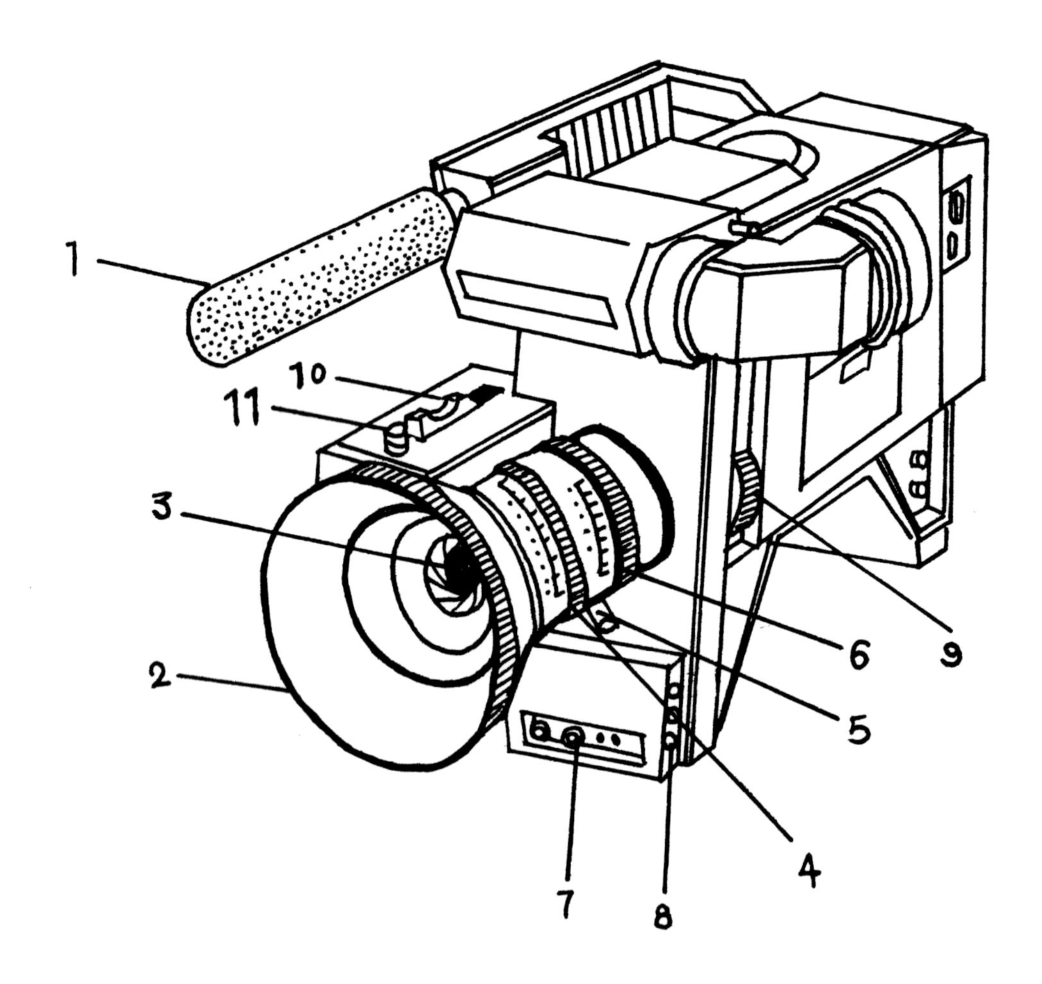

第三節　攝影鏡頭(camera lens)：

對攝影師來說，鏡頭(lens)相當於攝影機的心臟。經由調整，攝影師可改變鏡頭的焦距(focus)、光圈(aperture)、以及景深(depth of field)，這些統稱爲鏡頭的光學特性。

無論是棚內攝影機或是ENG幾乎都是配備伸縮鏡頭(zoom lens)，這意味著攝影師不必爲了攝取不同的景觀範圍而頻頻更換攝影鏡頭，只要用一個伸縮鏡頭就可包含廣大的場景，或是拍攝到很清楚的特寫。

焦距(focal length)：

在銀幕上所獲得的影像大小取決於拍攝的主題大小、主體與攝影機的距離、或使用鏡頭的焦距長短。

當鏡頭焦距環設定無限遠時，鏡頭的光學中心到攝像板或攝像管的表面距離即爲焦距(focal length)。使用伸縮鏡頭，zoom in 或zoom out 時將會改變焦距，因此伸縮鏡頭又稱爲變焦鏡頭(variable-focal-length)。

雖然攝影機幾乎都是使用伸縮鏡頭，然而當我們zoom in 或zoom out 到主要的特定位置時，就猶如幾個不同的定焦鏡頭(prime lens)。我們依照鏡頭焦距的長短，可分爲廣角鏡頭、標準鏡頭、以及望遠鏡頭。在瞭解各鏡頭的特性之前，先瞭解鏡頭角度(lens angle)與觀點的變形(perspective distortion)。

鏡頭角度(lens angle)：

一般的電視銀幕都是長方形的，並且長寬比例是4 比3 ，當我們從銀幕畫面的右邊以及左邊劃出兩條假想線到攝影機的鏡頭前時，這兩條線所造成的水平角度我們稱爲鏡頭角度。當鏡頭焦距逐漸變長時，鏡頭角度變小，主體逐漸變大。

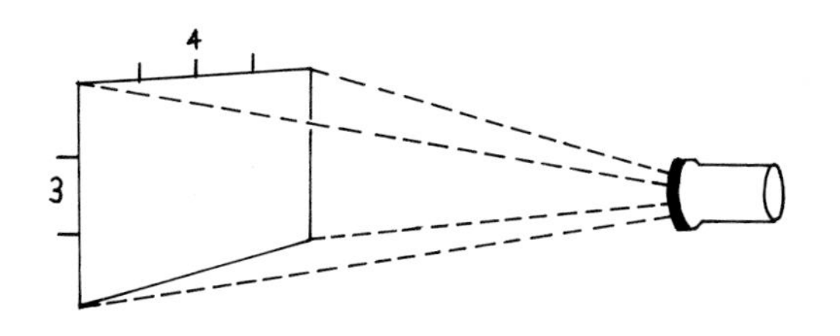

當我們從銀幕畫面的左、右邊畫出兩條假想線到攝影機的鏡頭前時，這兩條線所造成的水平角度稱為鏡頭角度。

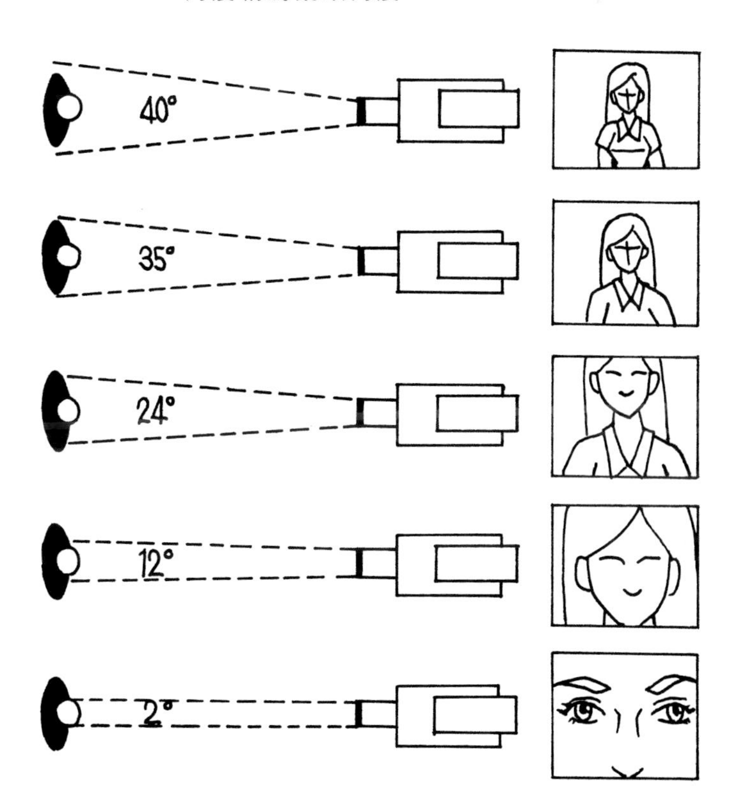

當鏡頭焦距逐漸變長時，鏡頭角度變小，主體逐漸變大。

觀點的變形：

由於鏡頭焦距的逐漸變長，鏡頭內的距離、空間、與尺寸都發生了變化。這不僅改變主體所構成的線條，也強調出空間被壓縮的效果。

鏡頭的表現特性：

從學照像的經驗，你已經了解定焦鏡頭與變焦鏡頭的差別，所謂定焦鏡頭就是鏡頭焦距是固定不變的，它的視覺景觀也是不變。相對於定焦鏡頭的是變焦鏡頭，它的焦點持續變化，視覺景觀也跟著改變。變焦鏡頭的使用免除了攝影師需要頻頻更換鏡頭的麻煩以及更換攝影位置的勞苦，加上光學的進步縮短了定焦鏡頭與變焦鏡頭在表現上的差異，因此現在的電視攝影機都配備著變焦鏡頭。

當我們使用攝影機的變焦鏡頭時，zoom in到主要的特定位置，就猶如幾個不同的廣角鏡頭、標準鏡頭、以及望遠鏡頭。

廣角、標準、與望遠鏡頭的表現特性可以依景觀範圍、物體與距離的關係、移動速度、與景深來加以比較與闡述。

實景

廣角鏡頭

標準鏡頭

望遠鏡頭

廣角鏡頭：

一般來說，鏡頭的水平角度大於30度就具備了廣角鏡頭的特徵，鏡頭角度越寬，焦距也越短。

善用這些優點，廣角鏡頭不祇能夠提供一個地方的大環境，也是在侷促狹窄空間中的一大利器。

廣角鏡頭的特性傾向於將物體變形，並且誇張物體間的比例。這種前景大、背景小的誇大視覺以及加速平行的兩條直線相聚於遠方一點的特性，使得廣角鏡頭的縱深與空間感被特意的強調。因此在鏡頭的表現上，任何物體的距離似乎比實際上要來的遠。

當攝影機運動時，如truck 或dolly時，廣角鏡頭是一個很適合的使用鏡頭，因為可以減低攝影機運動時所造成的振動。所以在實際拍攝時，當攝影師手拿攝影機運動時，總是將鏡頭zoom out到最廣的位置，將振動降到最低。

當使用廣角鏡頭拍攝主體移動時，不管是遠離或接近鏡頭，主體都比實際要來的快。運用這種特性，主體沿著z 軸行進能夠增加主體在畫面的強度。

樹變歪，前景變大，主體變形，距離被誇張了，這些都是廣角鏡頭的特性。

望遠鏡頭

望遠鏡頭的特性正好與廣角鏡頭的特性完全相反，由於視野狹窄，因此能夠凸顯出主體，強調出重點。

使用望遠鏡頭，位於背景的物體與位於前景的物體比較起來，大小不會相差太多，使得前景與背景的距離感減低，造成空間的壓縮。

這種空間的壓縮所形成的視覺效果常達到非常好的效果，譬如強調台灣的塞車情形或者行人在紊亂的交通中來往穿梭，都可以藉著望遠鏡頭來減少車輛與車輛、車輛與行人之間的距離，使得畫面能夠呈現出車輛的擁擠程度與行人在千鈞一髮的情況下過往馬路。

望眼鏡頭的使用，造成空間的壓縮，將道路車輛的擁擠的情況，更加強調。

然而這種空間的壓縮所形成的視覺效果也有缺點，因爲背景與前景的距離感減低，無法表現出畫面中物體之間的相互關係。

望遠鏡頭另一特性是當主體對著鏡頭接近或遠離時，主體在畫面中大小的變化很小，這種主體沿著z軸運動表現出較慢的前進速度常產生一些心理學的暗示。譬如有些導演想要表現演員的失魂落魄，就可利用望遠鏡頭這種特性，使演員對著鏡頭運動，由於演員走了許久在畫面中幾乎沒有什麼變化，經由這樣的肢體語言與鏡頭表現，會使得觀衆認同演員內心的無力感。

然而這種望遠鏡頭特性的使用對攝影師來說真是一種挑戰，因爲望遠鏡頭的景深非常的淺。當主體一直沿著z軸運動，攝影師必須要謹慎的對焦，一不小心，主體就模糊了。但是如果使用廣角鏡頭，攝影師的運鏡就不需要那麼精準，因爲廣角鏡頭具有非常深的景深。

景深

當你對焦時，清楚的不是一個點而已，所清楚的是一段距離，這段景物清楚成像的範圍就是景深。

景深的運用是攝影師在攝影時非常重要的步驟，爲了凸顯出主體、表現出其重要性，是選擇淺景深的原因。爲了強調出主體所在的背景及環境，運用深景深有其必要性。

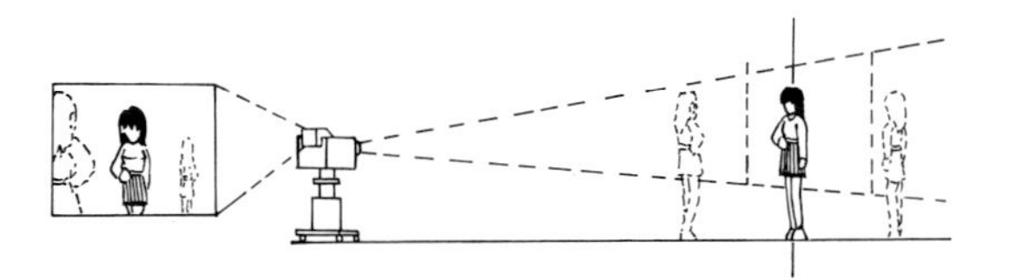

攝影機對焦時，清楚的不是一個點而已，所清楚的是一段距離，這段清楚成像的範圍就是景深。

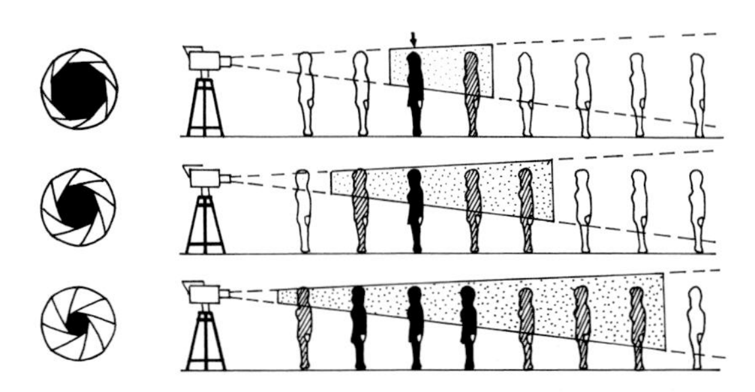

影響景深的因素有下列三項：

1.光圈

光圈越小，景深越大。如附圖

然而，在豔陽高照的夏天出外景，導演希望光圈加大，變小景深來凸顯主體，這時祇得利用中性密度濾鏡(neutral density filter或ND)來阻止大部份的光線進入。值得特別注意的是當使用ND濾鏡時，明暗比例會被凸顯出來，是拍攝天空表現雲層的利器。

2．攝影機與被攝主體之間的距離

如圖示，當攝影機漸漸遠離主體時，景深也持續的變大。

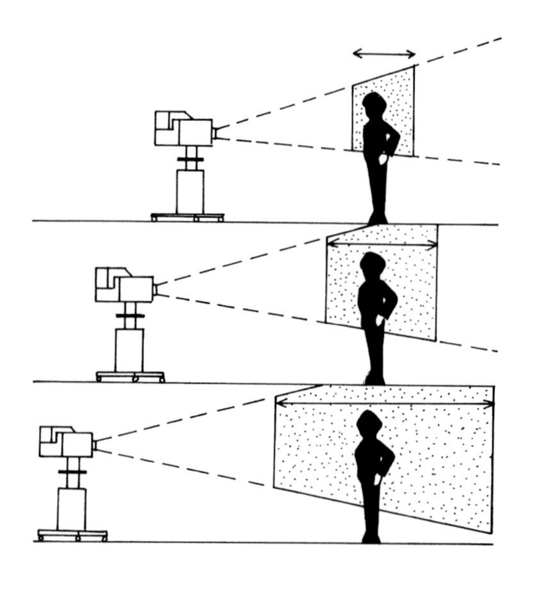

3. 鏡頭焦距的長短

鏡頭焦距的增長與景深成反比，廣角鏡頭的景深比望遠鏡頭的景深要來得大。這就是爲什麼新聞記者喜歡用廣角鏡頭搶新聞畫面的最主要的原因。

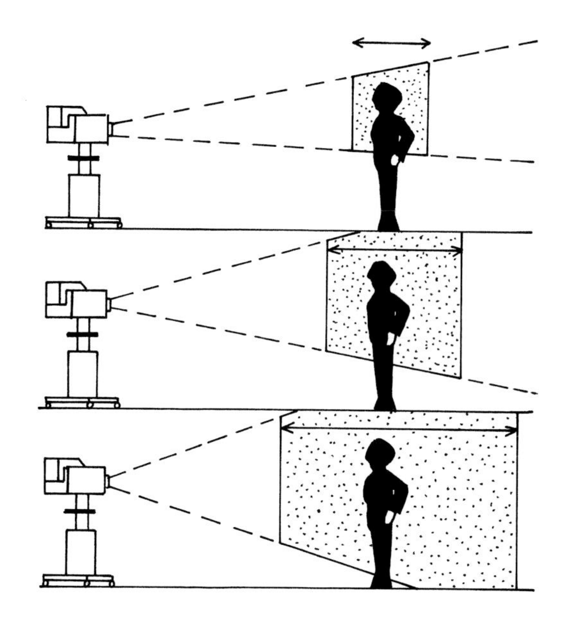

深焦鏡頭就是導演在場面調度上充分運用景深的一種方法，譬如使用標準鏡頭，將光圈縮小，變大景深，整個拍攝場景對焦因而完全清楚，所要注意的是攝影師對於縱深的構圖必須要加以考量而且攝影機應擺在超過主體眼睛水平的位置。電影導演侯孝賢就是一位充分利用深焦鏡頭的導演，把攝影機放在遠處，讓演員在一定的區域活動，就是出鏡也無所謂。

在美學理論上，深焦鏡頭與場面調度的綜合使用稱爲深度的場面調度。這種拍攝方式大異於鏡頭更換及攝影機運動的拍攝方式。深焦鏡頭表現的特質是空間不再是片斷的、短暫的，而是整體的，成爲一個真正的時空，人物在取景的鏡頭中可以自由活動。

使用廣角鏡頭，景深的範圍相當的大。

深焦鏡頭與場面的調度的綜合使用，稱為深度的場面調度。人物在取景的鏡頭中可以自由活動。

在氣氛營造上，分鏡可使觀眾直接參與故事情節，觀眾感覺自己與故事息息相關，而完全投注情感。另一方面，深焦鏡頭與場面調度所產生的寫實效果可以表現出戲劇的張力，觀眾成爲專注而客觀的見證人。

雖然深景深有上述的優點，相對的，如果使用焦距較長的鏡頭，將光圈放大，變小景深，這樣可以凸顯出主體，然而攝影師對於移動中的主體要抓住焦點非常的困難。

控制景深的另一大訣竅是當對焦在主體上時，後景的清楚範圍是前景清楚範圍的兩倍，利用這種方法，可以精確的計算出對焦的範圍。將焦點對焦在主體的前面，使背景模糊的程度達到極致，以達到凸顯主體的目的。

至於藉由焦點的變化(rack focus)以改變視覺重心則是另一種表現方法。

Rack focus 的用法是經過焦點的變化將視覺重心沿著Z 軸移轉到另一地方。然而，使用Rack focus 這種方法最好配合著主體移動的動作，不然很可能產生反效果。

景深範圍

後景　焦點　前景

2　1　0　-1

當對焦在主體上時，後景的清楚範圍是前景清楚範圍的兩倍。

使用Rack focus ，經過焦點的變化，將觀眾的視覺重點移轉到正在說話的主體是戲劇導演常用的手法。

第四節　攝影機的操作

攝影機的操作分為兩大類，第一類是攝影鏡頭的運動，這包括pan，tilt，以及zoom。第二類是攝影機的運動，這包括dolly，truck，以及arc，兩者最大的差別就在於攝影機的位置有無移動。

這些英文術語是日常工作中所用到的，中文的使用倒是很少聽到，所以以下這些攝影機操作的術語皆以英文為主。

攝影鏡頭的運動

Pan(左右搖攝)

Pan是指攝影機自左而右、或自右而左的搖動拍攝。

Pan能夠表現兩種主體或地方間的互動關係，這種拍攝方法的完整性效果是兩個鏡頭的切換所無法表現的。如圖示，鏡頭先鋪陳淚流滿面的女孩，然後鏡頭移動顯示晃動的光影，鏡頭持續往右pan，表現出她的男友狠心背她而去，在這單一的pan鏡頭中，不僅交代了主體，並且表現出主體兩者間的關係，以及滿足觀眾期待的心理。然而如果是以兩個鏡頭來切換，先是女孩淚流滿面的特寫，後接男友冷淡的反應鏡頭，這樣的表現方式就沒有上述pan鏡頭中所營造的氣氛。

Pan的時候應該要把握三個原則，第一個就是盡量維持操作的穩定度，其技巧是避免使用望遠鏡頭，也就是說最好不要將變焦鏡頭zoom in到底來pan，第二個是當pan的時候，應該維持一定的速度，第三個則是在表現兩個主體時，主體之間的間隔不宜過大。

以下是pan的表現方式：

＊跟隨主體

隨著主體運動，攝影機跟隨著pan動，這是電視導演最常使用的方法之一。當使用較短的鏡頭pan動時，能夠表現出主體與背景的關係。並且，運用動感構圖的原理(參照構圖那一章)，盡量將運動中的主體放在圖框的特定位置，可凸顯出主體在移動的背景中運動，產生出不凡的視覺效果。

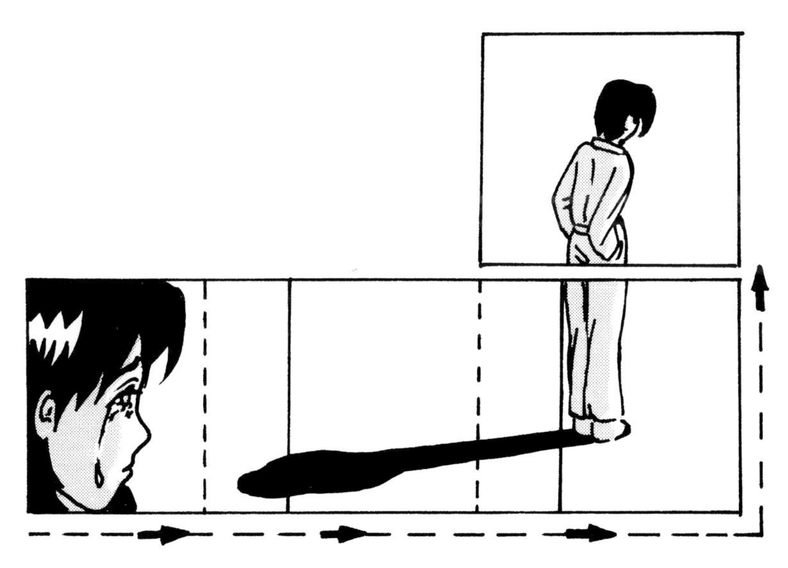

＊表現出主體

攝影機pan動以表現出主體，主體可能是壯麗的名山大澤、忿怒的示威群眾、或是你心中想表現的任何意念。當用pan來拍攝這樣的主體時，祇需把握一個原則，觀眾是否想看你還沒pan到的部份。至於pan的速度，就在於觀眾的注意力是否已鬆散了爲準。

＊轉移視覺重心點

經由pan，導演巧妙的將視覺重心移轉到另一地方。譬如先跟拍拿著拖盤、打著領結的餐廳服務生，當服務生經過一對坐在餐桌旁用餐的戀人時，鏡頭就停在那對戀人上，這種拍攝方法不僅表現出餐廳的環境，並且很自然的切入主題。

Tilt（上下搖攝）

Tilt是指攝影機自上而下、或自下而上的搖動拍攝。

Tilt的表現方式與上述的pan一樣，所不同的是強調主體的高度與深度，以及主體上下位置間的關係。

Zoom（鏡頭伸縮）

Zoom是指在攝影機位置不移動的情況下，變焦鏡頭能將畫面推近或拉遠。

這樣的表現方式能夠維繫住從遠景到特寫的視覺橋樑，以及免除攝影師更換攝影機位置的氣力。

使用zoom in時，能夠導引觀眾的注意、增加劇情的張力、以及凸出重點。當使用zoom out時，可以表現出主體與環境的關係，並且使觀眾與劇情產生距離感，以緩和觀眾的情緒，所以很多電視導演都用zoom out來結束節目，比如導演吳乙峰在月亮的小孩最後一個鏡頭中，就是月亮的特寫慢慢的zoom out。

然而在使用zoom in時，必須要注意景深與失焦的問題。如附圖，當使用較寬鏡頭拍攝時，雖然主體不在焦平面上，由於景深大，所以主體對焦清楚，然而當zoom in進去，景深因而變小，所以主體會失焦。

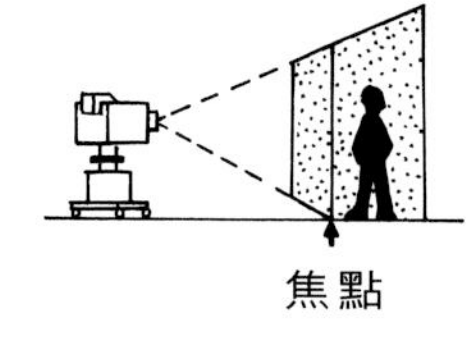

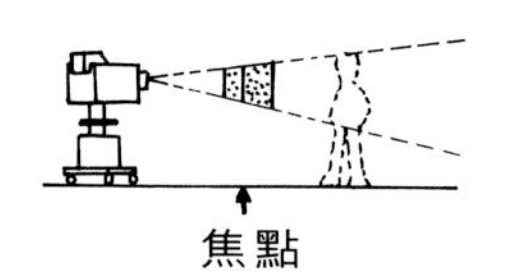

雖然zoom能使攝影師非常省力，但是電影攝影師還是比較喜歡使用dolly。

Dolly（攝影機的推拉）

Dolly是指攝影機接近或遠離被攝體的直線運動方式，與zoom最大的不同在於視覺觀點的改變。

就如前述，Zoom in就像把主體拉到攝影機前，由於攝影機不動，所以攝影機的視覺觀點沒有產生變化，改變的祇是主體的大小。

但是dolly in時，整個攝影機向著被攝體移動，由於攝影機視覺觀點的持續改變，主體間的相互關係也有所改變。這種視覺經驗非常貼近我們的日常生活。例如，當我們在學校長廊直線前進，一直盯著一個主體與所處的背景，你會發覺他們之間的空間感發生變化，這種視覺經驗與dolly in是一模一樣的。

正由於這種視覺的經驗與我們

日常的生活體驗一樣，所以資本較雄厚的電影導演非常喜歡使用dolly in來凸顯出主體或者表現主體的表情，以及以dolly out來表現出場景或是表示節目已結束。

雖然dolly視覺觀點持續改變的特徵與我們日常生活雷同，受到電影導演的大量使用，然而鐵軌的架設或攝影機穩定器(steadicam)的租用非常費時以及昂貴，實在不是低成本的電視外景導演玩得起的。

Truck(攝影機的左右移動)

Truck是指整個攝影機向左或向右移動，與dolly一樣，視覺觀點也產生改變。

由於視覺觀點產生變化，主體所處的背景也跟著改變，整個畫面所產生的律動感非常討好，如果有效的利用前景，例如一排竹圍都能夠大大的增加畫面的動感。

使用truck時，最好要在較長的距離中才能表現出效果。電視導演在這方面的表現上毋需使用昂貴的steadicam或鋪設費時的鐵軌，祇需將攝影機架設在轎車上，如果道路平穩，拍出的效果並不差。

Arc(攝影機的圓弧運動)

Arc是指攝影機朝向被攝體做等距離運動。表現方式與上述的truck雷同。

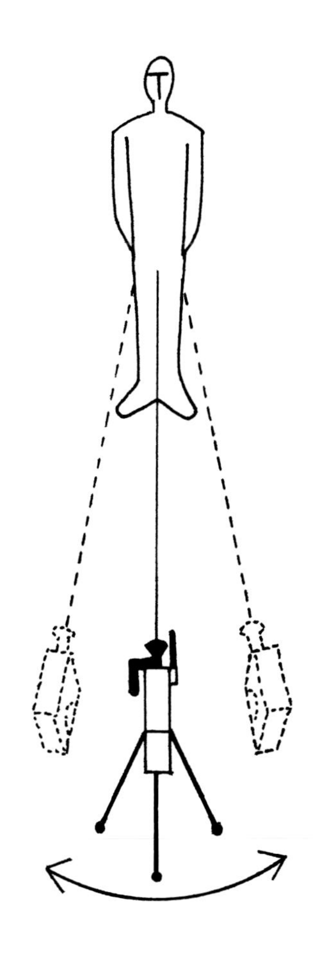

如附圖，攝影機對著主體做圓弧形的運動，視覺觀點產生極大的變化，不過值得注意的是這種運鏡會使得沉入劇情的觀眾察覺攝影機正在運動。

第五章 視覺化

第一節 清楚化以及強化

所謂視覺化就是以畫面來思考，對電視工作者來說就是以一個個鏡頭來串連整個故事。

下面是幾個範例：

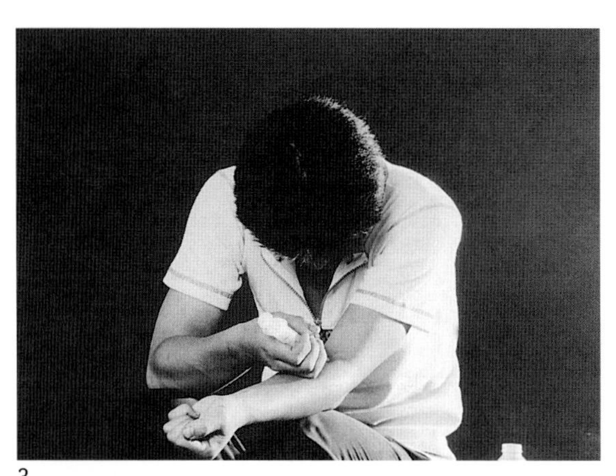

3

1

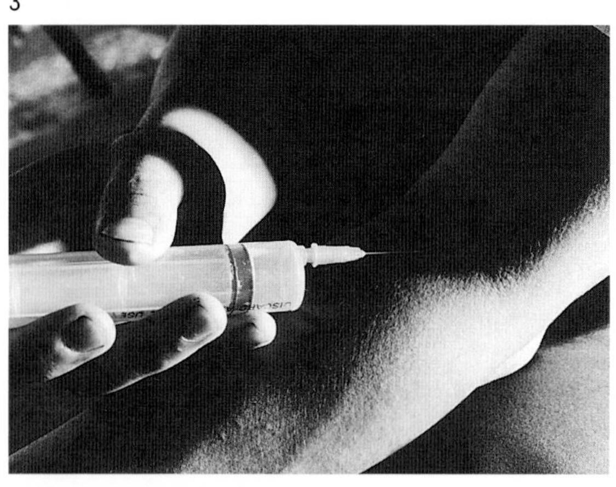

4

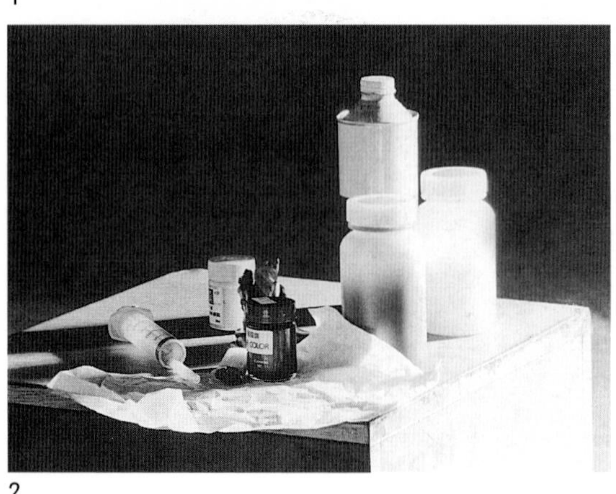

2

5

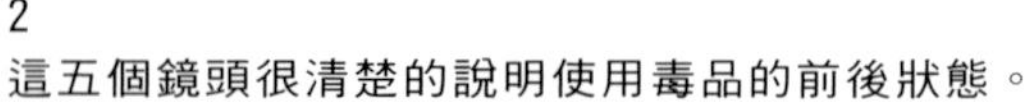

這五個鏡頭很清楚的說明使用毒品的前後狀態。

1
2
3
4
5
6
7
8

9
12
10
13
11
14

這十四個鏡頭說明了珠光鳳蝶的所在地以及生態過程，其中的五個鏡頭更強化了蛹化的過程。

不管我們是如何用照片來鋪陳整個故事，必須要有兩個要素，一個是將故事說清楚，另外一個是將劇情強化。

右邊這張圖片很清楚告訴觀者這名老者正在酗酒，而下一張圖片僅是換了視覺觀點，就傳達出這名老者除了酗酒的訊息之外，還有滿身的孤寂圍繞著他。

這就是畫面能將故事說清楚以及將故事強化的兩個例子。

而這訓練的過程有兩個方法。一是透過觀察，將故事說清楚，另一個則是尋找切入點，深挖進去，將故事強化。

下面是兩個例子：

這三張照片祇能表現出一群青年學子在聊天，並不能蘊釀出任何氣氛，這是將故事說清楚的例子。

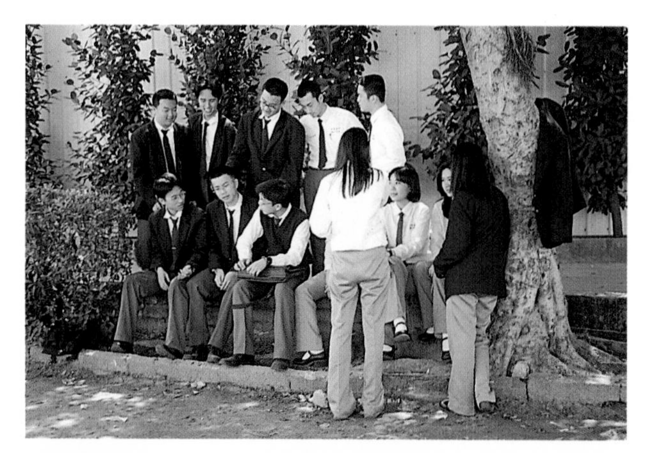

然而這四張照片所產生的意念就與上一頁不同，觀者不僅看到這群青年學子在大樹下聊天，更看見了快樂、和諧洋溢在他們青春的臉上，這就是所謂的強化。

第二節 視覺化的技巧表現

上面兩個訓練的方法需要靠自己慢慢的磨練。不過，在技巧表現上，有三個方法提供給各位:

一、鏡頭大小

鏡頭大小不僅影響將故事說清楚，也能是否有效的將故事強化。畢竟鏡頭的大小所包含的資訊各有所不同，優缺點也不同，舉例來說: 遠景所表現的是環境與主體的關係，並不如在特寫中所要強調的主體特性。明白這一點我們就明瞭當我們祇想將故事說清楚或是再強化所要用的鏡頭大小了。

二、俯視與仰視的視覺觀點

我們從心理學上知道，物體位置的高低會影響到本身的重要性。例如皇帝總是高高坐在皇座上，營造出權威感，反之，則會產生相反的感覺。運用這個觀念，攝影機的攝影角度從高角度或從低角度拍攝就能營造出輕視或尊重、卑下或權威的氣氛。

三、主觀鏡頭的使用

運用主觀鏡頭，觀眾不再祇是觀察事件的發生，而是積極的參預事件。其表現的方法有好幾種，一種是在第一個鏡頭中先表現一個奔走的小孩，而後接上他在奔走的主觀鏡頭，以攝影機代替這小孩的眼睛來傳達出他現在的處境。

另一種方法則是善用主觀鏡頭以表現偷窺者。表現的方法是偷窺者不一定要出現於鏡頭，有時祇需手或腳出現，甚至根本不需要出現，祇需要強烈的呼吸聲、或腳步聲即可營造出所需要的氣氛。

最後再提供一種方法以供參考。第一個鏡頭表現一名槍手正瞄準目標，緊接著第二個鏡頭是這槍手正拿著槍對著觀眾，這樣的鏡頭組合使觀眾產生被劇中人物發現的感覺，強迫觀眾進入劇情當中。

現今的電視戲劇片非常依賴對話，觀眾往往祇注意演員所講的台詞，而忽略演員的肢體語言，回想過去的默片，雖然有圖卡標示故事的大意，但故事的推展還是有賴演員的表情及動作，節目的成功與否還是在於導演視覺化的功力。

第六章 燈光

採光有兩個最主要的目的，一個是在技術上供給電視攝影機足夠的光線，另一個則是在藝術上提供觀眾更多的訊息。綜合來講，有效的光線利用不僅能夠在光的外在功能上，表現出場景的空間與時間感，以及主體的立體感。也能在光的內在功能上，表現出主體內心的情境，使場景產生某種情調或氣氛。

第一節 技術與藝術的考量

技術上的考量： 我們要藉著反射物體的光線，才能看見物體。攝影機的鏡頭就猶如我們的眼睛，必須要有一定的光線才能清楚的在螢光幕上表現出主體。如果光線不足，即使犧牲掉景深，畫面的畫質也降低了許多(參看第四章電視攝影機gain那一部份)。

當我們在攝影棚外拍攝，採光時大概會碰到以下的狀況：

光線太強，使得演員瞇著雙眼

光線太弱，造成畫質太差

光源太散，例如陰天，這時主體缺乏立體感

明暗差距太大，亮的地方太亮，暗的地方太暗，使得明暗度的細節無法表現出來

碰到這些情況，最簡單的解決方法是改變攝影角度，要不然就是選擇喪失畫質，妥協原有的光源。

藝術上的考量： 在光線的外在功能上，如在構圖那一章所述，經由重疊的面、相關大小的比較、以及線條的延伸等能表現出圖框中的空間以及

透視感外（參看第三章構圖Z 軸的使用），其實經由光線也能表現出主體的空間感。除此之外，利用陰影表現出物體的表面結構，採光也能表現出質感與造型。並且經由光線的方向與傾斜度，可提供場景所發生的時間。

在光線的內在功能上，經由精心的設計與安排，掌握住光線的方向、範圍、以及反差，使得整個場景的氣氛能爲之改變，以達到戲劇的效果。

空間的功能：光線的有效使用能夠表現出主體的空間感。

觸覺的功能：利用陰影表現出主體的表面結構，以凸顯出主體的質感與造型。

時間的功能：經由光線的方向與傾斜度，以及所呈現的色調，可提供場景所發生的時間。

創造劇情的功能

坦白的說，如果你並不在乎藝術上的考量，祇在乎技術上的考量，你大可儘量的將燈光投射在主體上，以確保畫面的品質。由於新聞畫面強調的是時效性，所以攝影師常常將燈光直接架在攝影機上拍攝，犧牲了主體的立體感。但是如果你想達到藝術上的層面，請你還是耐心的將這章看下去。

第二節　光線的自然特性

採光(lighting)是指對光線的控制與運用，如何能夠有效的採光，就有賴於對光線的自然特性有深切的認識。光線的自然特性包括了光線強度、色溫、光線散射、以及光線照射的方向。

光線強度(light intensity): 我們很早以前就聽過光線的強度是隨著距離的增加而呈倍數的衰減。這個觀念適合燭光或家中的電燈炮，因為它們的光線是屬於散射前進的，也就是說光線前進的方向沒有一定。然而，轎車的前頭燈、影視專業用燈如Fresnel或Ellipsoidal的光線則是直線前進的，雷射光就是這類光的極致，因此，前述的這觀念就不能那麼貼切的適用於這些專業用燈。

Fresnel或Ellipsoidal上有可以調整聚光(spot)或散光(flood)的裝置，如果主體需要強一點的光線，就調整到聚光的裝置，反之，亦然。雖然在聚光的狀況下，不太適用上述的公式，不過，隨著距離的增加，光線強度還是會變弱。另一方面，這些影視專業用燈在散光的狀態下，就蠻適用上述的觀念。

色溫(color temperature):

我們每天一起床張開眼睛看見大地露出曙光或是滿室光線時，即自然的判定天剛亮或是早已睡過頭，從來不會覺得現在的光線好藍或好黃，原因是因為我們的眼睛以及腦部對於每天日常生活當中光線的變化已經非常

這張在雪地中的照片，由於攝影師沒有做白平衡的步驟，因此照片明顯的偏藍。

矯正後，就恢復原來的色彩。

的適應了。

熟知的光譜。在一天的不同時候，有些顏色的波長份量會比有些顏色的波長份量重，例如：早晨的光線中，紅色波長的光線很顯然的佔了優勢，但在日正當中時，藍色波長的光線就佔了優勢，在這種情形下，那種顏色波長的光線佔了優勢就會呈現那種顏色，由於攝影機沒像我們眼睛這麼有適應性，所以會很忠實的將這種變化記錄下來。

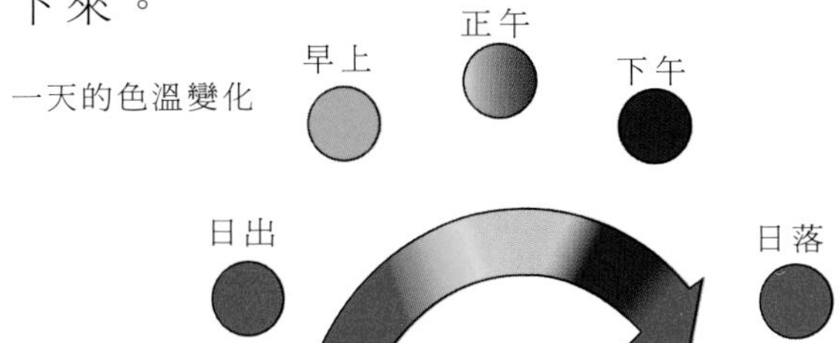

不同的燈光器材也和不同時間的自然光源一樣，各顏色波長的光線比重會有所不同，例如，鹵素燈泡釋放較多的黃色波長，而H.M.I燈炮釋放較多的藍色波長。為了較精密的計算這種不同的光譜組合，於是就有了色溫(color temper-ature)這名詞的提出。一位物理學家將一塊鐵合金的鐵塊加熱，鐵塊的顏色隨著溫度上昇轉變為紅色、黃色、白色以及藍色。在這個試驗中，可以看見在不同的溫度下，會產生不同顏色的光線。

在這個實驗當中，所用的是絕對溫度，計算單位是色溫K(Kelvin)。所謂絕對溫度就是將攝氏零度下降為－273℃，色溫K(Kelvin)的基準度就是以－273℃來計算，因此，燭光是黑合金加熱至1500℃所發出的色光，其色溫就是1500+273=1773K，取整數為1800K。從以上的解說，我們在說明色溫與光線的關係時，就可瞭解當色溫值越來越高，光線顏色會從紅色轉變為橘色、黃色、白色、到藍色。因此，我們瞭解不同色溫的光源，所反射出的光線顏色也會不同。

電視攝影機在色溫3200度時，能夠呈現最好的狀況，如果低於3200度，會有偏紅的現象，高於3200度，則會有偏藍的現象。因此在拍攝時，我們儘量修正進入攝影機攝像板的光源，以下是我們兩種解決的方法：

調整攝影機：　調整攝影機內裝的濾色鏡盤，然後調整白平衡。一到拍攝的環境，先確定主要的光線，然後在四種不同的色溫鏡片(3200K、5600K、5600+1/4、5600+1/16)挑選一個，選定之後，再對著白色的表面，做白平衡(參看第四章攝影機)。

色紙修正法：　將色紙加在使用的人工光源前面，使燈光的色溫改變，以迎合主要光線的色溫，通常我們會使用這種方法是統一室內光線與室外光線的色溫，例如：　在室內訪問一位人，他左邊是落地窗，大量的自然光源進入，色溫大約在5000K到6500K，然後，我們會使用另一個人工光源當做輔助光線，使得受訪者臉部的反差不致過大，這時，我們會使用藍色色紙加在3200度K的燈光，使輔光的色溫大致與自然光線相同。

各種不同光源的色溫值

光源	色溫值(K)
燭光	1930
家用鹵素燈泡	2600-2900
投影機燈泡	3200
攝影棚鹵素燈泡(500-2000W)	3000-3275
石英鹵素燈泡	3300-3400
H.M.I 燈泡	5600-6000
日出、日落	2000-3000
中午	5000-5400

光線照射

有些光源會發出硬光，產生明顯的陰影、強烈的對比、以及增加立體感；有些光源則會發出柔光，產生不明顯的陰影，可以將層次及細節表現出來。

柔光作為主光使用時，將主體的臉部表現的非常白皙，深受消費者的喜愛。然而處理的不好，就會像左邊的照片一樣，會使得主體平面化，而特徵全無。

色溫表

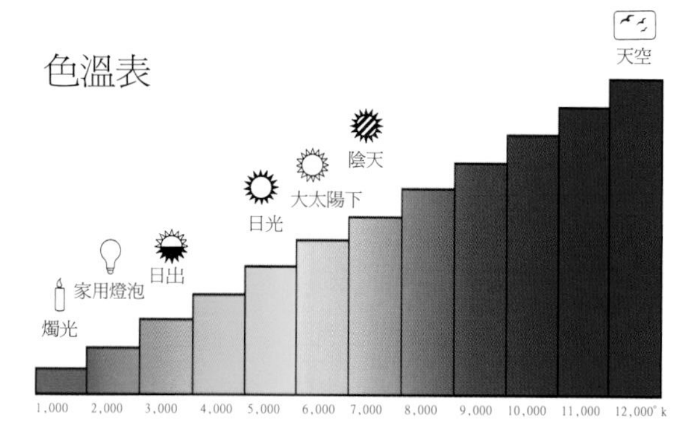

柔光：

可分爲擴散光以及反射光兩種。例如：陰天時的太陽就是擴散光，而反射光是受到粗糙反射面的影響，產生雜亂而擴散的反射，光線十分柔和。

使用柔光有以下的優點：

一、作爲輔光或基本光使用時，可消除陰影，又不會製造另一個陰影。

這種硬光所產生的光點落在主體的臉上以及地上，能夠產生不凡的視覺效果。

兼用硬光和柔光，可以表現主體的外型，也能使陰暗面的細節表現出來。

二、產生的色澤柔和。

作爲主光使用時，可隱藏主體的特徵以及紋路。例如：台灣婚紗照的拍攝，大多使用柔光，將新娘臉部的膚質表現的非常白皙，這種採光方式深受消費者喜愛。

然而，柔光也有以下的缺點：

光線過於散射，非常的難以控制。

技巧不好，會使得主體平面化，而特徵全無。

硬光：

一般來說，從小面積的聚合光源所產生的光線會產生明顯的陰影，我們稱這樣的光線爲硬光。由於烈日當空會產生明顯的陰影，所以我們會將這時的太陽歸納爲點光源。

使用硬光有以下的優點：

強調出主體的特徵，凸顯出紋理。

產生出明顯的陰影，例如產生出樹影，可增加戲劇的效果。

可以侷限住光線的範圍，強調出想要表現的重點。

然而也有以下缺點：

硬光所產生的陰影有時並不合適，甚至會干擾重點的表現。

有時會太強調紋理以及特點的表現。

多重的陰影干擾了觀眾的日常認知，畢竟在日常生活中，一個主體祇會有一個陰影。

因此，爲了達到有效的採光，我們最好使用硬光以及柔光兩者。硬光的使用，可以表現出主體的外型以及紋理，兼用柔光，可降低不必要的反差，並且使陰暗面的細節表現出來。

光線照射的方向：

改變對主體採光的角度，將會影響採光的效果，嘗試著提高以及降低燈光、或者圍繞著主體移動燈光，不僅主體受光面積會產生改變，而且主體所產生的陰影也會隨著移動。除此之外，主體的輪廓以及表面紋理也會因而被凸顯出或者變得不明顯。

採光名詞的介紹

不論是攝影、電視或電影的採光上，每個燈光的設計都有它的功用，根據它的功用，有專有的名稱。下列是在實務界中最常見到的。

基礎光(Base light)：提供大面積散射光線，使拍攝的現場有均勻的亮度。

主燈(Key light)：是提供主體最主要的光源。

輔光(Fill light)：一般來說，輔光是消除主光所造成的陰影或者減少反差的散射光線。

背光(Back light)：從主體的背後照射，能夠使主體的輪廓明顯，並且能分開主體與背景的距離，使主體凸出，以增加立體的效果。

背景燈(Background light)：照射背景的散射光線。

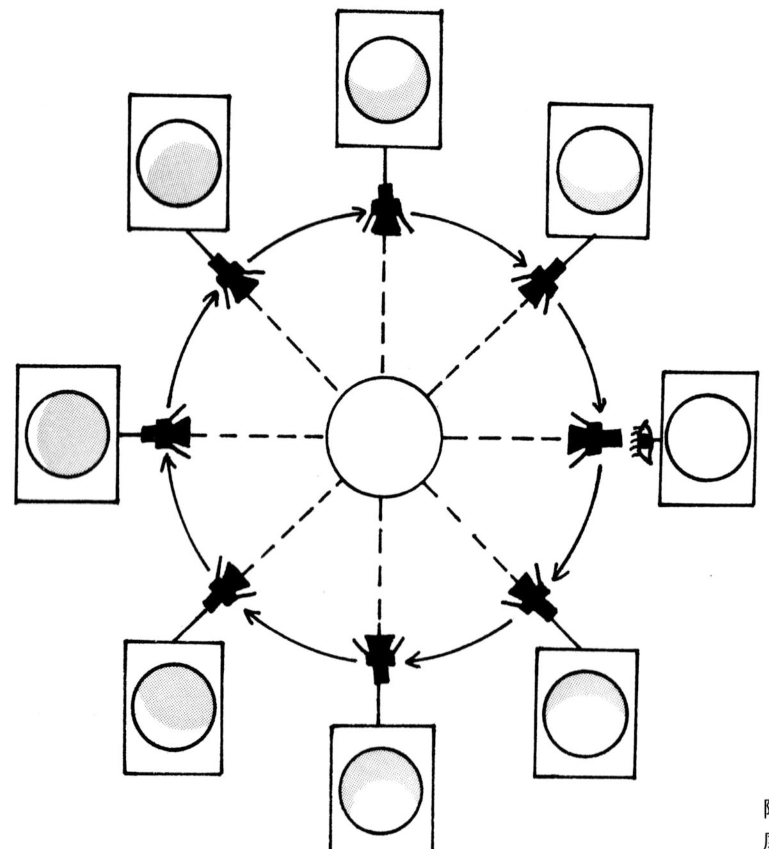

隨著燈光位置的不同，主體的輪廓及表面紋理會隨之變化。

第三節 採光方法的研究

平面照明的採光方式

當我們執行將美術館所展覽的畫展拍攝成影帶時，該如何打光？當然，我們可以直接將燈光架在攝影機上拍攝，但是，如此一來，下次我們就被列爲拒絕往來戶了，因爲這樣的打光方式會造成反光，破壞了畫作的美感。

既然如此，我們就將燈光以斜角度的方向拍攝主體，這樣的採光方式，雖然避開了反光的缺點，但是主體受光的面積不平均。

較好的方式是使用兩個燈，分別從主體30到45度的角度照射，使用柔光來拍攝會得到比較好的效果。

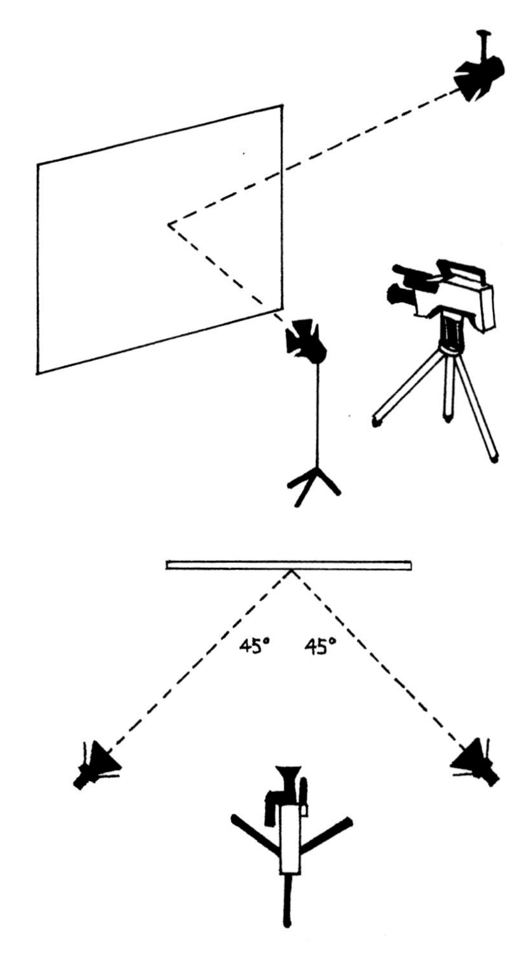

三點打光(Three point lighting)

是最基本的攝影打光方式， 這種基本的三點打光方式也可應用在電視上面。三點打光包含了主光、輔光、與背光，並且互相組成一個三角形。其目的在於產生光與影，使兩度空間的電視銀幕能夠表現出三度空間的主體。

主光(Key light)

是最主要的光線來源，主光的首要功能是表現主體的基本形狀。爲了表現出基本形狀，主光必須要製造出陰影，一般來說，使用具有方向性光源的燈光能夠有較佳的效果，例如，Fresnel的使用，就蠻適合的。

在大部份的白天中，太陽總是在我們的上方，因此我們最好將主光設計在主體的上方。但是要注意，燈光的位置太高，鼻子、眼影、以及下巴所產生的影子會往下拉長。然而，如果燈光位置低於主體的視覺水平線，就破壞了我們日常生活所認知的經驗，主體會看起來非常鬼異。另外一點是光線不宜太強，不然主體額頭與臉部其它部分的反差太大，容易造成額頭反光。

背光(Back light)

背光的使用有好兩個功能，第一個功能是它能夠分開背景與主體，第二個功能則是它能強調出主體的輪廓。由於背光有這兩個功能，因此如果能有效的使用背光，即使主體在黑背景之前，主體仍能夠被凸顯出來。

大體來說，我們將背燈放置在主體的背後，並且盡可能的與攝影機呈一直線。如果太靠某一邊，會使得頭部與肩膀兩側的亮度反差太大。

另一方面，燈光的位置也不宜太高，不然下巴所造成的影子會往下拉長許多。但是燈光位置也不能太低，因爲攝影機很可能會拍攝到燈光。

補光(Fill light)

使用補光能夠降低最亮與最暗的明暗對比，表現出暗部的層次。

以主體與攝影機而言，補光的位置通常是在主光位置的另一邊。使用原則是補光時，不宜再產生另一個影子。

在打燈光時，先確定主光的位置，再設定輔光的位置，最後在確定背光的位置。至於各個燈光的光線強度的比例則沒有一定的定論，我們建議的比例是: 主光 : 輔光 : 背光爲1 : 1/2 : 1，這種的打光方式是最標準的三點打光方式。如果我們還行有餘力，不妨再加一個基礎光，使畫面的反差降低。

對區域採光

上述所談的三點打光不僅對一個人適用，也對一群人或一區域的採光適用。所不同的就是將每個燈光照射的範圍加大來包含特定區域。

這就是所謂的三點打光，包括了主光、輔光、及背光。

對區域打光時，三點打光的方式仍然非常有效，祇需將照射的範圍加大或是多加燈光。

第四節　電視節目製作的實際作戰

外景燈光不比棚內的燈光容易掌握以及控制，例如光源色溫的問題以及電源供應都是外景隊所必須面對以及克服的。

在實際作戰中，走出攝影棚拍攝是為了突破攝影棚內的空間隔局，使得觀眾具有實景的臨場感受。在紀錄片的人物訪談、戲劇片的演員拍攝、新聞片的事件現場、MTV 音樂片的風景畫面、以及廣告片的實景實物都需要單部攝影機一個一個鏡頭來加以拍攝。在採光的過程中，視節目的類型要求採光品質，例如拍攝戲劇片或是廣告片，採光的品質就會要求很高，而新聞片以及紀錄片就不會像廣告片般的要求採光品質。不過，不管如何，我們在學習的過程中，多瞭解一點總是百利而無一害。

自然與人工光源的認識

在採光的過程中，總會面對自然光源以及人工光源的問題。自然光源就是太陽或月亮等光源，這些光源不管是在時間、季節上有不同的照射強度、也會有不同的照射方向。這對表現環境的遠景來說是非常重要的。

至於人工光源的使用，在色溫考量

上，必須注意的是與自然光源混合使用時，確定何種光源是主燈，再依主燈的色溫爲準，調整輔燈的色溫以配合主燈。在燈光的效果上，不管是室內、室外、日景、以及夜景應確認主光源是那一個，再來安排其他的輔助光源以使攝影機的畫面保留原有的光影效果。

在有些拍攝狀況下，攝影師必須要考慮以室內或室外光源爲主要光源。

除了自然光源與人工光源的使用外，反光板的巧妙運用可以將主光的光線反射當做輔光來加以使用，有時甚至可使模特兒背向太陽，就是大家所稱的逆光，來表現出模特兒的頭髮，這時利用反光板反射太陽的光線當作主光以及補光，效果很好而且非常方便。

當我們在攝影棚外進行拍攝時，新聞片的新聞事件與紀錄片的現場紀錄在採光上祇能利用現場的有限光源，幸運的話，光線充足，在不佳狀況下，光線不足時，祇有犧牲畫面品質將攝影機上的gain提高。不過，在紀錄片或新聞片的人物專訪時，我們就可以充分的設計，以達到最好的採光效果。

例如：當我們訪問一名影評人時，我們採取保守的方式拍攝主體，在拍攝角度方面，將攝影機與窗戶保持平行，而不是對著窗戶來拍攝，在主體位置方面，讓這名影評人坐在一面大窗的旁邊，利用從窗戶透過的光線當key light，再利用反光板或架設一個燈加上色溫轉換紙當做fill light。如圖示

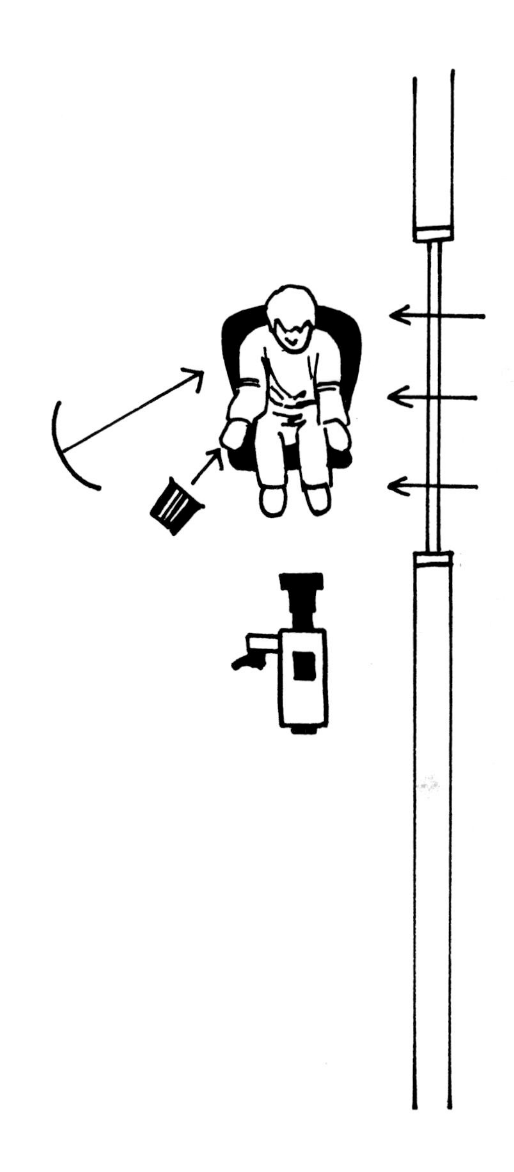

第七章　剪接

第一節　剪接的概念

有些人認爲剪接的目的是適當的將鏡頭排列組合起來，達成畫面的連續性與韻律感，使觀眾的注意力跟著劇情的發展而延續下去，不會因爲鏡頭的轉換，使觀眾察覺鏡頭的剪接技巧。

但是有些人認爲剪接並不單是將節目處理的平順而已，透過剪接，導演或剪接師可以將他強烈的創作意圖表現出來。所帶給觀眾的不祇是劇情的交待，更是視覺的震撼。

不管剪接是否更能凸顯出導演的意念，以下的基本剪接理論是必須要瞭解的。

電視剪接的方法

電視製作的剪接可分爲兩類，一是在拍攝中使用多機作業，把所有攝影機所拍攝的影像經過影像切換器(switcher)，讓導播選擇他所要的畫面。這種方式的缺點是攝影機所送過來的訊號一旦經過影像處理器後就無法再更改，剪接師根本沒有任何的創作空間。優點是比較容易連戲，並且拍攝的速度快，事後的剪接修補工作降到最低。

比較起來，單機作業必須一個鏡頭一個鏡頭來拍攝，每次的重新設定即需移動攝影機的位置。優點是剪接師有不同角度的影像以供選擇，提供剪接師創作的空間，然而在處理的過程卻曠日費時。例如，我們在剪接23分鐘的台灣生態顯影節目時，平均每一集在剪接機上的時間是30個小時以上，在成本效益上，非常的划不來。

看完電視剪接的兩種方法之後，讓我們想想看剪接到底是什麼？

剪接包括了以下各點：

* 變換鏡頭時間的選擇，例如in與 out點的選擇
* 鏡頭間如何變換，包括了cut，dissolve，以及轉接的速度
* 鏡頭次序的編排將影響整個節目的表現。
* 鏡頭變換的節奏表現節目的快慢

將這些因素綜合起來，剪接能夠影響觀眾對節目的反應、對節目的瞭解、甚至對節目的投入。

剪接理論的認識

在決定何時換鏡頭、如何換鏡頭、以及鏡頭次序編排的同時，讓我們先來探究剪接時所應該瞭解的理論。這理論分爲兩大類，一是連續剪接(continuity editing)，即是將故事說清楚，一是複合剪接(complexity editing)，即是將劇情強化。

第二節　連續剪接

顧名思義，連續剪接的意思就是安排與選擇鏡頭來表現出以下所提的連續性：

＊方向的連續性，包括圖案方向、視覺方向以及運動方向的連續。

＊ 主體位置的連續性。

＊ 動作的連續性。

＊主體本身的連續性。

方向的連續性

包括圖案方向、視覺方向以及運動方向的連續，我們現在來逐一討論。

圖案方向的連續性

當我們拍攝具有明顯水平線爲背景的景物場景時，在這場景中的每一鏡頭最好維持相同的水平高度，不然剪接起來，觀眾會看得很不舒服。

視覺方向的連續性

拍攝中景時，主體的視覺方向已建立，在緊接下來的特寫鏡頭應該維持一定的方向。

在相對的兩人景，方向的維持非常的重要。

運動方向的連續性

不祇主體的視覺要不變，主體運動的方向也要維持一定。如果主體的運動方向產生改變，移動的主體最好在鏡頭內表現出更改前進方向的動作。

主體運動的方向也應該考慮自然環境的方向。例如：　兩岸的漁民互通有無，在表現台灣漁民謹慎小心的划船到預定地時，我們所表現的方向應該是從右到左，而大陸漁民划船的方向則是由左至右，其原因是在地理位置上，台灣位於大陸的右邊。

運用運動方向的相對性，使得運動中的兩主體營造出即將撞擊的效果。

180 度假想線

視覺與運動方向的維持最有效的方法是緊守 180 度假想線，所謂的 180 度假想線就是將相對的兩主體連成一條線並延長，如果是單一運動主體，就將它前進的方向延長。

應用在戲劇表現上，最常使用的是兩人對談時的交互拍攝，然而，如果攝影機超過 180 度假想線，視覺方向的連續性產生破壞，人物不是相對而視，而是朝同一方向注視。

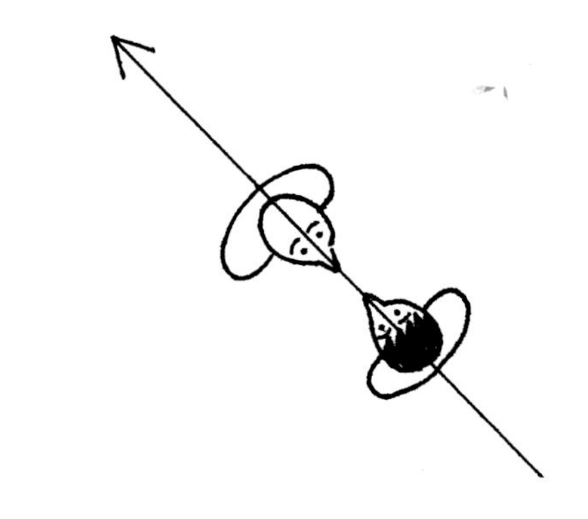

所謂 180 度假想線就是將相對的兩主體連成一條線並加以延長。

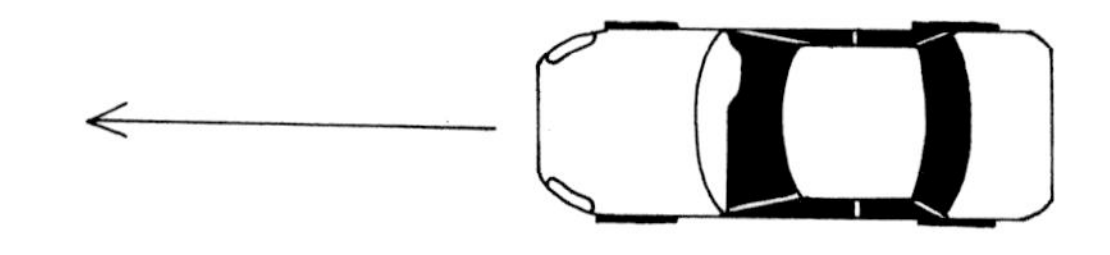

碰到單一主體時，就將它前進的方向延長，即是 180 度假想線。

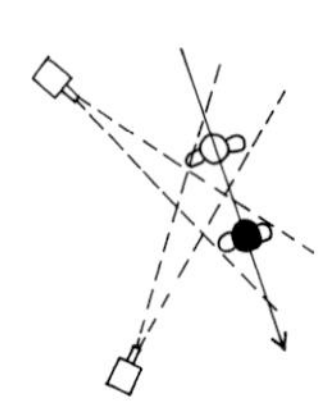

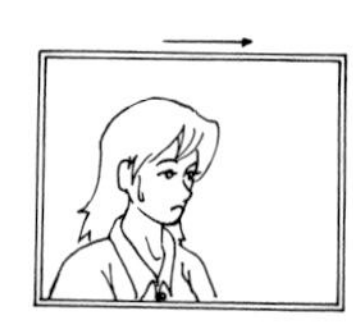

在兩人對談的交互拍攝時，為了維持視覺方向的連續性，攝影機不能超過 180 度假想線。

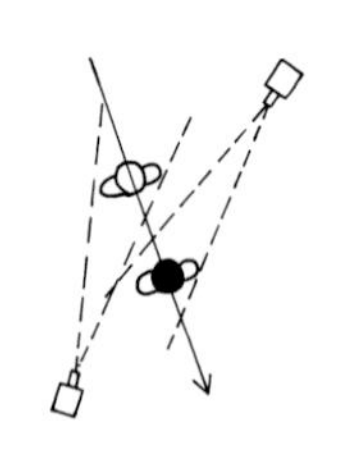

如果攝影機超過 180 度假想線，視覺方向的連續性遭到破壞，人物不再相對而視，而是朝同一方向注視。

在越肩拍的使用上，攝影機的位置也必須維持在假想線的同一邊，否則主體的位置會跳躍改變。

在運動方向的連續上，攝影機超過180度假想線會使得主體朝著相反的方向運動。

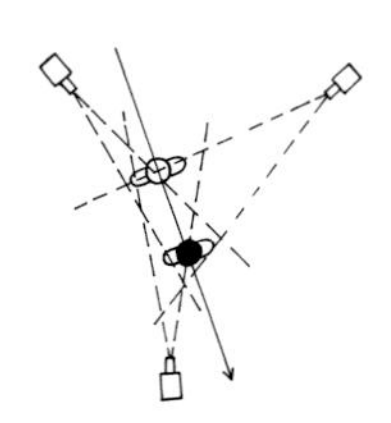

即使是越肩拍，仍要堅守180度假想線，不然主體的位置會跳躍改變。

對於正在運動的單一主體，如果攝影機超過180度假想線，主體將會朝著相反的方向前進。

Z 軸的方向

對於視覺以及運動方向的維持，有時導演忽略了，在剪接上就成爲致命的問題，因此，謹慎的導演常會額外拍些Z 軸方向的鏡頭，這樣一來，即使導戲時忽略了１８０ 度假想線的關係，在剪接時也可迎刃而解。

所謂Z 軸方向是指主體的視覺或運動方向是正對著或背對著攝影機，在電視銀幕上，不具有方向性，所以

拍攝前進轎車中的一對戀人會出現兩條假想線，這時你將面臨兩難的狀況。

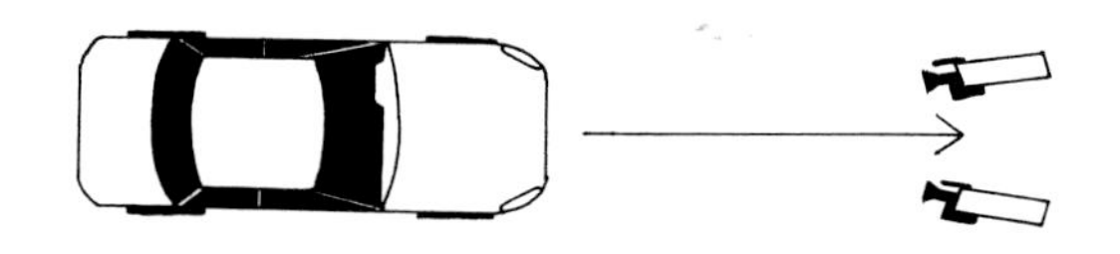

其解決方法，就是利用 Z 軸，將攝影機放在 Z 軸就能將問題解決。

我們稱這樣的鏡頭爲中性鏡頭。在使用上，祇要攝影機非常靠近主體的Z 軸拍攝，在下一個鏡頭，攝影機的位置可以在假想線的任一邊。

在有些狀況下，幾乎不可能兼顧視覺與動作的方向性，例如拍攝在前進的轎車中談情說愛的戀人，這種情況下，會產生兩條的假想線，第一條是這對戀人的視覺假想線，第二條是行進轎車的運動假想線，如果我們依照視覺假想線來擺設鏡位時，這對戀人的視線雖然是相對的，但是轎車前進的方向就相反了。

解決的方法就是善用Z 軸，將攝影機放在Z 軸上拍攝，就可以很有技巧的將問題解決。

在剪接時，可以將Z 軸方向的鏡頭與主體視覺方向向左或右的鏡頭合在一起，觀眾會很自然的認爲主體是

最後補述一點，現今的電影電視導演只在意兩人的視線是否相對，並不在意轎車的前進方向是否相反，因此當你是導演時，理論與現實就得自己來拿捏了。

將Z 軸的鏡頭穿插在其間，就不會產生視覺跳躍的感覺。

主體位置的連續性

主體位置的連續性包括了視線位置以及視線目標位置的連續性。

所謂視線位置的連續性是指當高度差異很大的兩人對話時，攝影機的高度位置最好與觀看者的眼睛水平高度相等，例如母親與小寶寶對話時，當拍攝母親的特寫時，攝影機的高度最好低於母親的眼睛水平高度並且與小寶寶的眼睛水平高度相同，因爲這樣的鏡頭設計正意味著小寶寶看著母親。在相對的另一鏡頭中，攝影機的位置應高於小寶寶的水平高度，並且與母親的水平高度相同。在下面這個例子中，在司令台下的男同學手拿著攝影機正要拍攝站在台上的女同學，在拍攝他們之間的互動關係時，攝影機的擺設位置也應該像上面媽媽與小寶寶的例子一樣。

鏡頭中的主體如果在兩個鏡頭中大小懸殊過大，觀眾是無法在短時間內推斷出這兩個鏡頭的關連性。

所謂視線目標位置的連續性是指在一鏡頭中，一人看著一特定物體，在下一鏡頭中這特定物體必須表現出這人的視覺位置。例如： 一群學生打籃球，當一學生跳射時，在下一個鏡頭中，球框與球必須要在鏡頭的右邊，以表現出視覺目標位置的連續性。

動作的連續性

單機攝影機作業時，攝影師從不同的角度反覆拍攝主體，主體的位置不僅要維持一定，動作的節奏也要保持一定，這樣才能在剪接時維持動作的連續性，例如： 稱得上專業的演員必須在不同的鏡位中做出一模一樣的動作、表情、與發音，當剪接師從中景切到特寫時，由於演員的動作在中景與特寫一樣，所以演員的動作銜接非常順暢，觀眾因而感覺不出鏡頭已經改變。

主體的連續性

主體的連續性是指在鏡頭的變換中維持主體本身的連續性。主體本身的連續性包括了鏡頭中的主體大小以及外貌形態的一致。

鏡頭中的主體如果在兩個鏡頭中大小懸殊太大，觀眾是無法推斷這是同一主體，例如拍攝一個大遠景，下一個鏡頭是這個大遠景中的一個主體特寫，觀眾是無法瞬間從這兩個鏡頭找出關連性，這最主要的原因是因爲主體在鏡頭的大小懸殊太大。

主體的形態外觀也影響到主體本身的連續性，這是我們經常所碰到的問題，例如這個鏡頭中，男主角繫著一條藍色的領帶，在下一個鏡頭中領帶不見了，或許你會覺得這不可能會發生，但是對於一個經常需要跳著拍的外景工作者來說，場記一有不慎，就常會發生。

第三節　複合剪接(complexity editing)

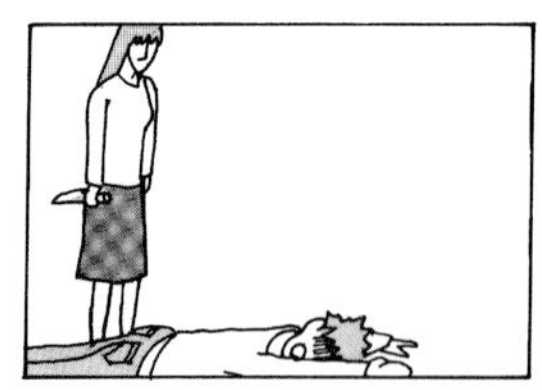

在複合剪接時，剪接師儘可能的將發生的事件強化，使觀眾注意到事件的最重要部份。這與上述所談的連續剪接不同，複合剪接並不一定需要靠著時間的推移來鋪陳鏡頭的，它可以將時間與空間任意縮短或增加，或是將不同時間與空間的場景連接起來，這些方法完全是藉著蒙太奇理論(montage)為基礎的。

蒙太奇理論(montage)

蒙太奇理論簡單的解釋就是將兩個相關或不相關的鏡頭組合在一起，而產生出另一個新的意義，舉例來說一個男人的特寫與檳榔攤招牌的特寫合在一起，意思是說這男人想要吃檳榔，如果我們將這男人的特寫與穿著迷人的檳榔西施的鏡頭連在一起，所產生的意義就跟上述完全不同了。現在就讓我們來瞭解最常運用蒙太奇理論的方法。

連續性：這與上述的連續性剪接相似，是按照時間的前後來鋪陳鏡頭，所不同的是運用蒙太奇可以將時間任意縮短。例如一名男子慌忙的奔跑，被拿著一把刀的婦女追逐，之後，該男子倒地，拿刀婦女呆站一旁。利用這種因果關係，我們推斷這名拿刀婦女殺了這名男子，在這裏值得注意是我們並沒有看見男子被殺的情況，但是我們已經下了結論，這是因為我們運用心理的補償

1

2

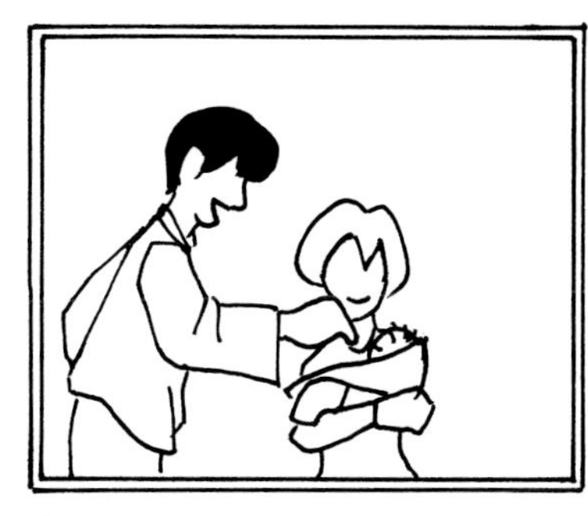

3

4

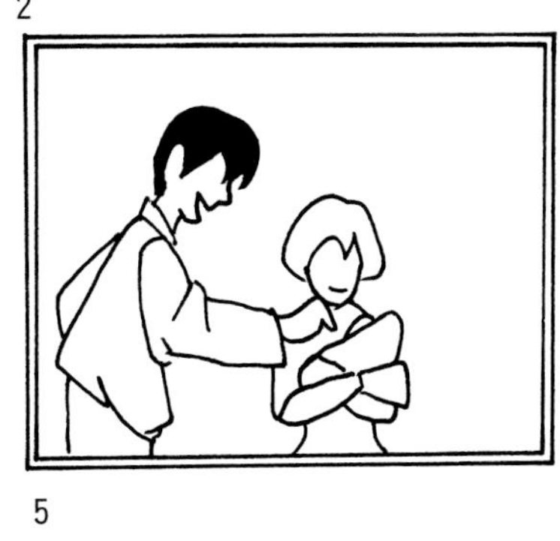

5

6

去填補沒有看到的畫面。

這種按照時間的連續性來鋪排鏡頭是不能顛倒鏡頭的，不然將會改變故事的因果關係。

這1-3個鏡頭分別代表的是先約會、結婚、後生寶寶。

這4-6個鏡頭就分別代表的是先約會、生寶寶、後結婚。

這種連續性的蒙太奇是按照時間的順序來鋪排你所選擇的重要片段，並且要求觀眾運用他們的心理補償去填補沒有表現的部份，這種表現手法對於時間的順序非常重要，不然觀眾將會誤解影像的因果關係。以下是一位學生運用十張照片來描述一件故事的練習作品。

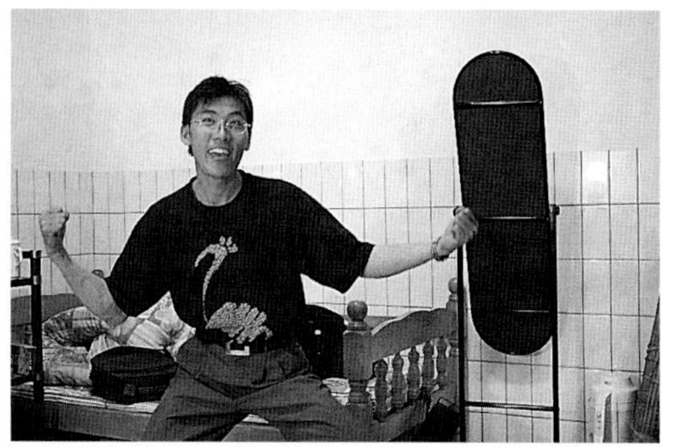

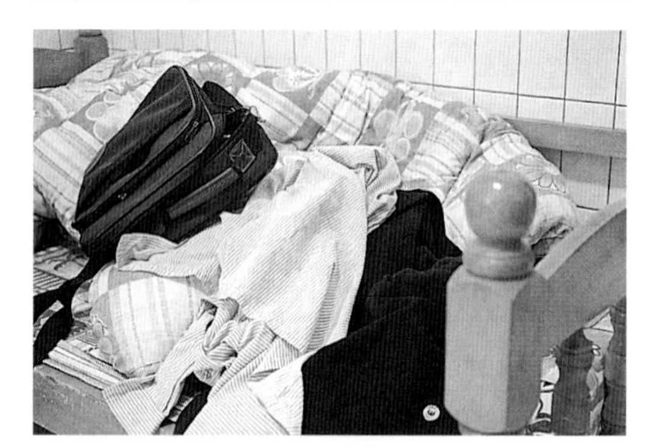

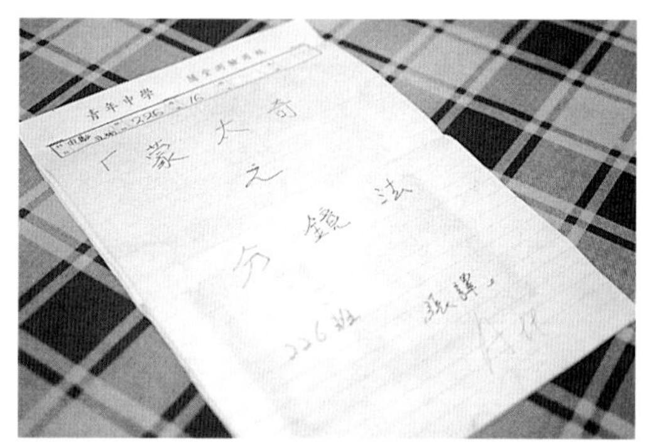
青年中學
厂蒙太奇
之
分鏡法
226班

局部強化性:

在另一方面，我們也可以特意的將驚心動魄的畫面延長以達到視覺的滿足，也就是說將高潮的時間刻意拉長，當然我們所談的時間不是鐘錶的客觀時間，而是心理上的主觀時間，如此一來，藉由蒙太奇不祇能拉長主觀時間，更能強化事件的高潮點。

很多香港動作片都是利用這種理論，在幫派混戰時，刀光劍影的停格畫面、主角被砍傷的慢動作、以及高難度動作的重複鏡頭，一直是引導觀眾感官刺激的萬靈丹。

意念聯想性:

運用蒙太奇，兩個似乎不相干的影像合在一起而創造出新的意念，其方法可分爲兩種，第一個是使用比較的方法，第二個是使用對比的方法。

在比較的方法上，我們可以將似乎完全不相干的影像串聯在一起，當這些影像串聯在一起時，相同點出現，並且表現出訴求點，例如: 一位拾荒老人彎曲著背辛勤的在垃圾堆中尋找食物，一名盲胞受困於沒有導盲設施的紊亂十字路口中，一位抱著嬰兒的媽媽拿不出醫藥費急得在醫院前走動，我們將這三個似乎沒有任何關連的鏡頭組合在一起時，在這三個鏡頭中出現了雷同性，鏡頭中的人物都是社會的弱勢份子，從這雷同性我們會產生出意念，如果有社會福利法該有多好。如果我們將上述的鏡頭當做公益廣告，在片尾結束時出現社會福利法可以保障他們，以引起大眾對社會福利法的重視，我想這樣的表現方式應該不錯吧。

在對比的使用上，利用相反的影像以達到訴求點，例如：　一位認真好學的學生上課認真做筆記，下課趕赴補習班，最後金榜題名，另外一位學生上課睡覺，下課談情說愛，最後榜上無名，將這些影像互相切換，最後中心意念浮出。

當然，這是一個簡單但是很俗的例子，運用你的創意，一定能激發出令觀眾眼睛一亮的廣告。

第四節　剪接的基本技巧

現在的每部電影電視都是一個一個鏡頭組合串聯起來的，在鏡頭的組合銜接時，剪接師最基本的工作就是引導觀眾順著節目走，不會使觀眾在鏡頭的轉接上感到不舒服甚至於覺得錯愕。在鏡頭與鏡頭的組合時，有四種方法可供剪接師選擇，依次是卡接(The cut)、溶接(The dissolve)、淡出淡入(The fade in & fade out)、以及劃(The wipe)。雖然這四種方法的功能都是銜接串聯前後的鏡頭，但是在表現上確有它們特定的功能。

卡接(The cut)

卡接是一個鏡頭變換到下一個鏡頭最簡單的處理過程，也是所有的剪接機都能做到的功能。卡接不僅提供鏡頭瞬間變換的處理手法，並且造成觀眾較大的視覺衝擊。

對於卡接，我們必須要瞭解任何的鏡頭變換一定要有它的目的，不適當的鏡頭變換不祇破壞節目的流暢感，造成所謂的jump cut，有時更會傳送一些莫名其妙的新資訊給觀眾，在構圖那一章我們瞭解電視銀幕前的觀眾所看到的畫面是攝影機所拍攝的畫面，觀眾唯有藉著心理的補償去填補攝影機所沒有拍到的畫面。如果不當的卡接鏡頭，提供觀眾毫不相關的訊息，將會破壞觀眾心理補償的運作，使得觀眾看得一頭霧水。

在處理手法上，卡接最大的特性就是鏡頭的瞬間轉換，在一瞬間可以改變攝影機的視覺觀點甚至發生的場景，高明的剪接師把握了以上幾節所談的重點，並在卡接時，注意以下的幾種狀況，提供訊息給觀眾，使觀眾毫無困惑的順著節目走下去。

一般來說，在攝影機視覺觀點的改變上，對於相同主體的處理，應該要注意下面三種情況：

避免主體變換的大小太過接近。

避免主體變換的大小懸殊太大。

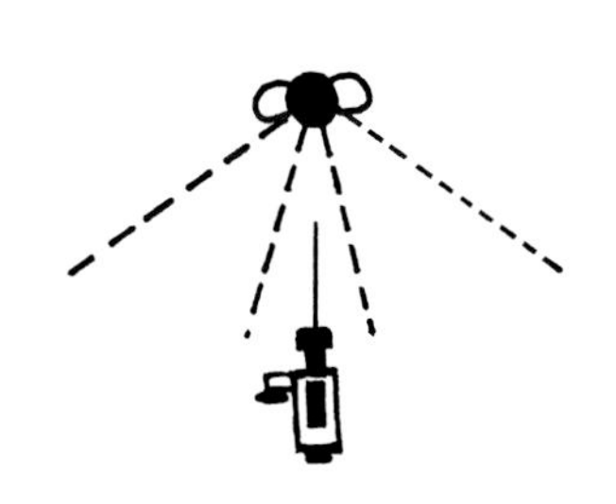

攝影角度最好避免小於20度或大於60度之間。

為什麼剪接時要避免以上所談的這三項，最主要的原因是避免造成剪接的不適當。當不適當的鏡頭剪接在一起，如鏡頭大小太相近時，將使得觀眾看得很不舒服，造成節目進行不流暢，這樣的鏡頭剪接我們稱為jump cut。至於在戲劇上的不連戲，我們也可以包含在jump cut中，例如：　在碧潭划船的情侶，雙人景中，微風吹動著美麗動人的女主角，當鏡頭切至女主角的特寫，秀髮卻動也不動，像這樣鏡頭的不連戲基本來講還勉強可以接受，較嚴重的是在兩人景中，女主角笑靨如花的露出幸福的表情，在特寫中，卻看不出任何的笑容在臉上，或者是兩人景時，女主角右手拿著洋傘，左手拿著手絹擦拭著汗水，在特寫時，左右手拿的物品顛倒。當然，我們瞭解單機作業有時是跳著鏡頭來拍攝，所以會造成這樣動作的不連戲，讓剪接師在剪接時吃足了苦頭，這樣動作的不連戲也會造成觀眾的困擾。

對於不同主體的拍攝，在剪接上最好也要避免右圖的三種狀況，不然也會造成視覺的突兀。

以上所談的都是避免鏡頭卡接之間所造成的視覺突兀，至於在什麼時間卡接，在什麼狀況下卡接，以下是一些參考的準則。

盡可能的在主體運動的時候卡接另一個鏡頭，這是一般的剪接師，尤其是剪戲劇片時所奉行的鐵律，但是應該在主體運動的那個時候卡接下一個鏡頭就沒有一定的定論，在蒐集多方資料後，有兩種理論供大家參考。

攝影機的視覺觀點不宜相差太多

頭頂空間不宜相差太多

主體不宜太過相似

有些剪接師認為鏡頭的卡接點最好在運動之前或之後，他們所持理由是在運動的時候卡接鏡頭會阻礙運動的流暢感，並且製造不必要的卡接點。如果在運動之前或之後卡接鏡頭會使觀眾產生期待的心理產生，下面這個例子是最佳的明證。

我們聽到門被打開的聲音，坐在書桌的大頭抬起頭來往門的方向看，鏡頭卡接到大頭的媽媽走進來。

在這個例子，大頭抬頭的動作產生鏡頭卡接的動機，就在他眼睛望向門邊那一刻的動作結束後，立即卡接媽媽進門的鏡頭。

這樣的剪接方式確實能夠引起觀眾的期待感。

另外有些剪接師所提的看法恰恰與上述的理論相反，他們認爲在運動中卡接鏡頭，不僅能使剪接點在主體運動過程中隱藏起來，更能不著痕跡的將視覺重心點轉移到下一個鏡頭。

例如坐在書桌唸書的大頭站起身來想拿書櫃上的書本，就在他站起來這個動作的中心點卡接下一個鏡頭，由於觀眾的注意力注意著站起來這個動作，觀眾不會注意卡接點的存在，因此動作看起來會非常的順暢。

至於換場，很多剪接師利用演員的出鏡與入鏡來銜接，在這種情況下，很多剪接師喜歡在演員眼睛一出鏡的時候卡接該名演員眼睛即將入鏡的鏡頭，這樣的剪接不祇節奏明快，不拖泥帶水，並且在剪接上非常的平順。當然，我們要注意一點，演員是從鏡頭的左邊出鏡，下一個鏡頭，就必須從右邊入鏡，反之亦然。

在什麼點卡接最爲恰當有所瞭解後，讓我們再瞭解一些有關卡接的節奏。

鏡頭變換的節奏爲下列三項因素所影響：

觀眾的注意力、鏡頭內的戲劇內涵、鏡頭的實際長度

值得特別注意的，這三者互相影響，畢竟鏡頭內的戲劇內涵影響了觀眾的注意力，並決定了鏡頭的實際長度。

在觀眾注意力方面，觀眾觀看一個鏡頭的注意力會隨時間而轉變，鏡頭開始時，觀眾要辨認與確定方位，隨後注意力最爲集中來理解畫面的意義和內涵，以及畫面中主體的話語及動作。之後，注意力減弱，如果鏡頭還不更換，就會令觀眾生厭。

因此，如果每一鏡頭都在注意力減弱的同時變換下一個鏡頭，觀眾的注意力就會保持不斷，節目的節奏感就會跑出來。

所以節目的節奏感不純然是鏡頭與鏡頭之間的長短關係，而更是每一鏡頭本身與觀眾被它所引發的注意力之間的關係。這種觀眾被鏡頭所引發的注意力，具體的因素包括了鏡頭中的動作、音樂、畫面中的構圖、鏡頭大小等。

進一步的來說，在鏡頭中的動作上，就是指的是主體的運動節奏，例如運轉的機器手臂或是街頭閃動的警示紅燈，在畫面中的構圖上，當跟拍奔馳的跑車時，背景飛快的往後倒退，鏡頭圖框構圖產生改變。這些因素都會影響著觀眾的注意力，進而決定了節目節奏。

考慮這些因素後，在節目的實際長度上，剪接的節奏有兩個方法可做

參考:

第一個方法是每個鏡頭的長度都相等，這樣的節奏使得節目的這一段會蠻順暢的。

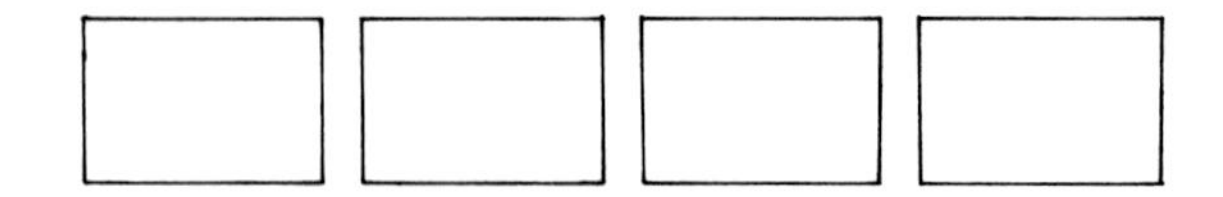

第二個方法是將後續的鏡頭長度逐次遞減，以達到劇情強化的目的。

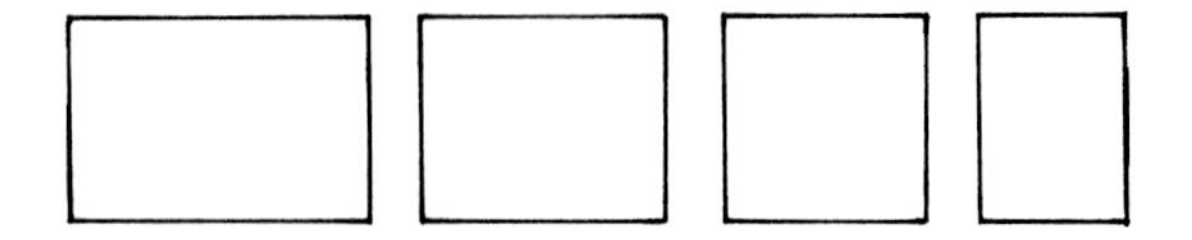

鏡頭長短是具有決定性力量的，導演會尋找對故事發展最合適的效果和節奏。原則上，在動作片上，使用一連串快速鏡頭，會使事件迅速發展。而在心理片中，使用一連串長鏡頭，會造成冗長的感官性印象。鏡頭時間越來越短，通常可烘托戲劇結局或突然的轉折，反之，越來越長的鏡頭，則會造成一成不變的心理苦悶或是難以解決的僵局。

當然，這是建議參考的剪接節奏，你也可以依照現場的人物動作、音樂節奏、以及攝影機運動等因素來決定你的剪接節奏。

溶接(The dissolve)

與卡接比較起來，溶接是鏡頭與鏡頭之間的漸次轉移，相連的兩個鏡頭暫時疊映在一起，前面的鏡頭漸漸的被後面的鏡頭所取代。

溶接不像卡接的瞬間轉換，相反的，溶接提供觀眾較緩和的鏡頭轉換，使整個節目在視覺上非常流暢的進行，不過，節奏會比卡接來的慢。

使用溶接的主要原因有下面三個因素:

1. 表現動作的相似性或相異性。例如在表現珠光鳳蝶由卵經由毛蟲、蛹化、至羽化的過程中，在剪接時運用溶接可以將珠光鳳蝶的生活史表現的淋漓盡致。

2. 表現時間或地點的更替與改變。巧用溶接來表現在同一地點，時間從日初經由日正當中到夕陽西下是電視電影導演常用的手法之一。在生態表現上，更能表現出四季的變化。

3. 強調顯示兩主體之間的相互關係。

4. 柔化兩鏡頭的跳接。有的時候使用卡接，會產生視覺跳躍感，這時就可利用溶接來消緩這種視覺跳躍的感覺。

在做溶接時，須注意溶接的過渡時間，過長的溶接時間會造成兩種影像疊在一起，影響觀眾的觀看。

淡入淡出(The fade in & fade out)

淡入(The fade in)是指電視銀幕從黑畫面慢慢變出影像，淡出(The fade out)是指電視影像慢慢變成黑畫面。這種方式就猶如看戲劇或平劇時，在開始與結尾時，布簾會上昇或

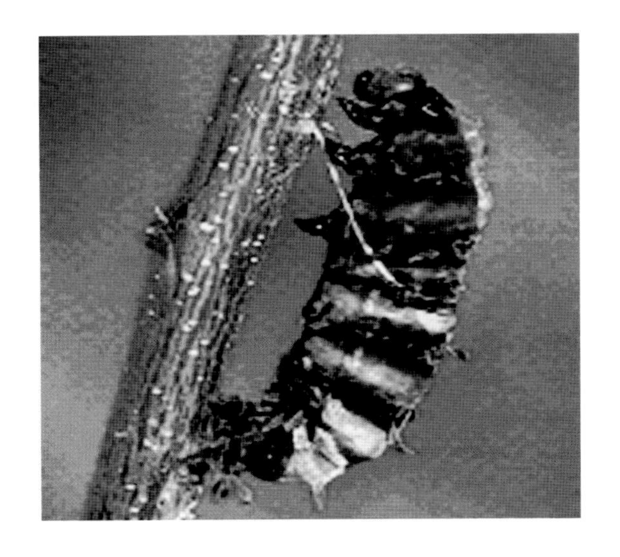

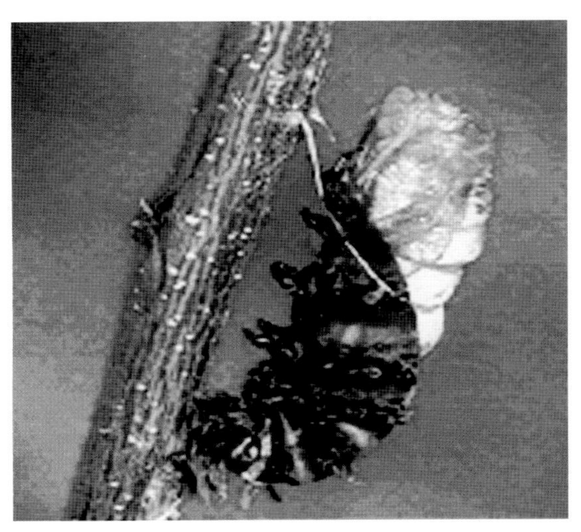

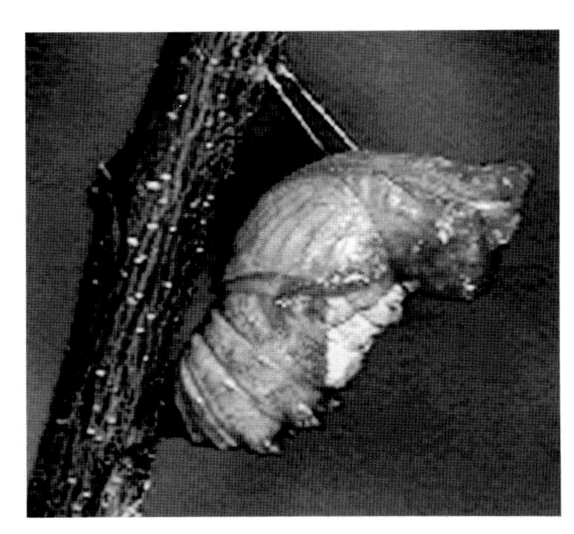

剪接時，適切的用dissolve，不但能表現時間的轉移，更能產生不凡的視覺效果。在這珠光鳳蝶的蛹化過程中，使用dissolve就非常的恰當。

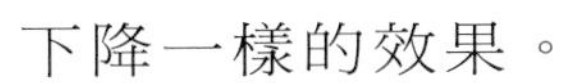

下降一樣的效果。

除了在片頭和片尾使用fade外，在節目中使用fade，是代表著段落的結束或開始。

相對於cut和dissolve來說，fade相當於作文中的句點，cut和dissolve就成了逗點，因此使用fade時，要注意節目的流暢度。

有很多電視工作者建議儘量少用fade，因爲很可能誤導觀眾認爲節目結束了。事實上，如果fade使用得當，觀眾並不會馬上轉換頻道，反而會耐心的等待幾秒鐘的時間，來期待下一畫面的出現。然而使用太多的淡出淡入，則會產生太多的句點，節目因而被砍得一段段的，觀眾會看得很吃力。

劃(The wipe)

在劃的過程中，一個畫面似乎被另一個畫面推走，其運動方式五花八門，任君選擇。

在工商簡介片中，劃的功效可增加視覺豐富度，以補足劇情不足的缺點。不過，在人文紀錄片中，就得小心使用，否則會匠氣十足。

第五節　剪接守則

大部份的人祇需一會兒工夫就會操作剪接機了，可是如何使節目順暢的走下去，並能加強凸顯出導演所想表現的高潮點，那就不容易了。鏡頭以及剪接點的選擇是影響劇情高潮起伏的因素之一，以下是一些建議的方法，我們姑且稱爲剪接守則。

最好避免從運動中的鏡頭轉換到靜止不動的鏡頭

當正在pan動的畫面轉接鏡頭不動的畫面時，會造成觀眾視覺跳躍的感覺，所以一般的作法是，當鏡頭運動完後再轉移到鏡頭不動的畫面，這樣就能將這種跳躍的感覺降到最低。

再則，如將兩個pan動速度差異太大或是運動方向相反的鏡頭轉接在一起，無論是卡接或是溶接，都不是很好的連結方式。最好的選擇方式就是連結兩個速度一樣以及運動方向一致的鏡頭。

如前所述，儘可能的在主體運動過程中，轉接下一個鏡頭。並且在連接的兩鏡頭中，維持住演員的位置以及動作的相同，不然就不連戲了。

沒有適當的動機，不要隨意的轉接下一個鏡頭

如前所述，鏡頭的轉換有時會阻礙節目的流暢感，影響觀眾對節目內容的投入，但是如果有充分的動機，例如對話、音樂、以及攝影機的運動時，鏡頭的轉換就不易引起觀眾的注意。

當一個鏡頭中的視覺要素已被觀眾吸收後，即是該換另一鏡頭的時刻。如何決定每一鏡頭的長度取決於鏡頭中的視覺要素是否豐富，例如一把落在街角的刀子特寫鏡頭，大約2秒的長度就足夠了，其原因是這個鏡頭祇須傳達觀眾一個訊息，一把落在街角的刀子。

在觀眾吸收這個鏡頭的視覺訊息後，轉換另一鏡頭，提供訊息持續刺激觀眾，使觀眾的興趣一直維持下去。

第六節　剪接技能

上面所談的都是剪接所應有的概念，現在讓我們來瞭解剪接所應有的技能。

首先我們要瞭解的就是控制軌(control track)以及時碼(time code)的差別，所謂的control track是錄影帶經由錄影機內同步訊號所產生的脈波訊號，這些脈波訊號依照每秒30個點的速率記錄在錄影帶的每一個frame上，代表著錄影帶的控制訊號。然而利用這些控制訊號的剪接方式在高速跑帶時無法精確的記錄下每一個訊號點，並且每次剪接時都要倒帶到最開頭，因爲一退帶，錄影機面板上的數字就會歸零。有鑑於此，time code的產生，解決了control track所遭遇的問題。

Time code是一連串的八個阿拉伯數字所組成，按照frame、秒、分、與時依次來標示錄影帶的每一格位置，精確度是1/60秒，也就是每一個field是time code最小的計算單位。

現在台灣電視實務界的剪接機幾乎全部是利用time code作爲依據，其特點在於剪接師可以按照time code從資料帶中精確的找到他所要的畫面，並且在事後修改畫面及做特效時，也可精確的修改。除此之外，有了time code之後，剪接師祇須將全部的剪接點鍵入電腦，讓電腦來完成收尾的工作。

對於control track及time code有初步的瞭解後，再讓我們對組合剪輯(assemble)以及嵌入剪接(insert)有所瞭解。

所謂的assemble就是將整個磁帶的音軌、影軌、以及control track全部換掉，不像insert一樣，單獨來處理音軌、或是影軌。光是這個理由，在實務界，幾乎全部的剪接師都是用insert來剪接處理他們的節目。

使用assemble的優點是在剪接時，不用先鋪畫面，也就是說不用先鋪control track，祇需鋪上幾秒鐘的畫面，因爲在剪接時，剪接機會將磁帶倒帶超過剪接點幾秒鐘前，以便在剪接時使訊號穩定，這個動作我們通稱爲pre-roll。

Assemble雖然在操作時間上取得極大的優勢，但是由於assemble會將原來的control track拿掉，所以不適合一個鏡頭一個鏡頭的剪接，否則會有畫面撕裂的情況。如上圖

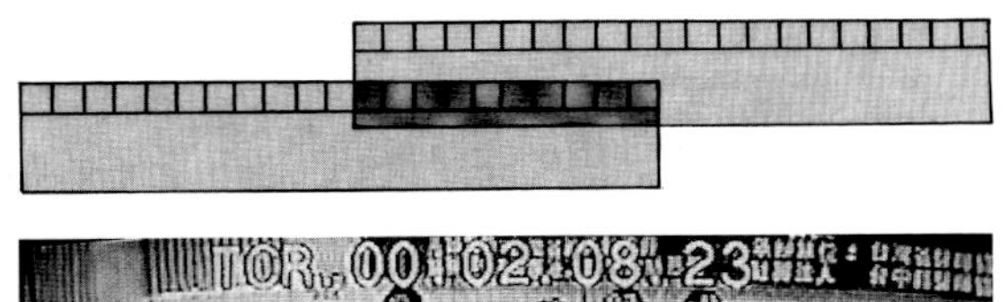

相信當你具備這些技能與概念後，所欠缺的就是實務操作了。

後記

我們視群傳播公司從草創到今年(1997)已滿四年了，從剛開始，完全沒有案子、全體三位員工留在辦公室打蚊子，到現在，全體八位員工忙得不可開交，這段過程走得真得很辛苦。說實在的，現在還是很辛苦，因爲我們除了贏得了一座金鐘獎獎座外，兩手空空，生活上還是沒有星期天。

雖然我們衹是電視製作群的一小角，但是傳播公司卻是電視節目製作的第一線工作人員，希望藉著這篇文章，讀者能概略瞭解一個傳播公司的發展過程，進而規劃自己發展的空間。

(負責人許鴻龍口述)

由於英文太差，被老師硬留了下來，這期間，在台中霧峰的農藥試驗所工作，所擔任的職務是拍攝農業宣導短片，就這樣胡亂的拍攝、剪接一番，在與學農的同事比賽中，爲自己得了一面獎牌，也不知是否學校老師同情我，連續當我兩次之後，終於在我零出席的狀況下，使我低空飛過，好讓我去當兵。

退伍之後，又回到農藥所，感嘆無論自己多拼命，一個月的薪水也衹有15000元，在這種付出與收獲不成比例的動機下，工作三個月後，毅然決定離開農試所，在舅舅的大力贊助下，與志同道合的同學及農藥所的同事在民國83年3月29日合組一家傳播公司。記得在開幕那天，好多的舊日同學帶著羨慕的眼光直誇我好厲害，一退伍就開公司了，那時意氣風發，根本聽不出這話的含意。

爲什麼我們會選擇霧峰成爲公司的所在地，祇因我以前在農藥所上班，所以對霧峰比較熟，另外一個原因，就是房租便宜，三十幾坪的公寓房子一個月的月租是12000元。選定公司所在地後，就是買機器，這包括了攝影機及剪接機，我們那買得起專業級的Betacam系統，所以祇得買S-VHS系統的剪接機，以及接後掛S-VHS的537攝影機，光是這樣，就花了台幣兩百五十萬元。當初，我們也沒什麼遠程的目標，祇是想在有線電視合法後，所需的廣告製作量一定很大，如果一則第四台的廣告我們要價二萬元，一個月祇要十則，我們不是賺翻了。

結果，時間証明了一切，公司成立六個月了，公司所有的成員每天滿面愁容的枯坐在公司，爲了節省開銷，公司不發薪水，由於沒有薪水的資領，我們每天吃饅頭、泡麵。爲什麼我們無法達到預期的目標？其原因是當面對客戶時，客戶不會願意找製作公司談，他們爲了成本的考量，傾向於直接找頻道業主談，因爲頻道業主也負責廣告的製作，全包在一起，在價格上便宜了許多。另一方面，當我們找頻道業主談時，在抽成的情況下，我們製作公司連一半的價錢都拿不到，根本不符成本。怎麼會有動機去製作第四台廣告。

在這種情況下，我們預期的目標是不可能達成了，那該怎麼辦？總不能把公司收起來吧。思考良久，我們決定到附近的蓮花池拍攝小草、小花、及昆蟲，其原因祇有一個，那就是我們不用花錢支付演員費，就這樣拍攝了幾個月，完成了我們第一部作品蓮花池的生物世界，很湊巧的，當完成這部作品時，見到報紙公告台灣

特有生物研究保育中心有影帶製作的比稿，題目是台灣的濕地。爲了這個案子，公司全體上下卯足了勁，寫出詳細腳本、在分鏡表上一張張的繪圖，一再演練比稿時的現場報告，真的是能夠準備的都準備了，到了當天，比稿時，由於壓力過大，我全身顫抖的報告，結果揭曉，我們第三名，所幸的是主辦單位入選三名，再來是這三家廠商比價。

這種比稿方式有它的優缺點，優點是可省錢，反正一定會有製作廠商降價來取得製作權，可是節目品質就有問題了，試問有那幾個傻瓜願意做虧本生意的。

然而，在這次的比稿上，很顯然的，台灣特有生物保育中心是大贏家了，因爲有我們公司的競標，在只許成功的條件下，將價錢寫到令另兩家廠商跌破眼鏡，而拿到了這個案子。

記得拿到這案子的當夜，全公司三名成員在路邊麵攤舉杯慶功，我們

漲紅了眼睛、忘卻爲期六個月的空等與失望，大聲互道恭喜，以爲苦難將已解除，明天我們將會忙到死。

因爲是新公司，又是第一個案子，所以我們盡全力製作這個案子，很幸運的，在製作這個案子期間，也開一家傳播公司的學長告訴我們廣電基金在徵稿，不過截止日期是近在一個星期之後，當我們聽到這訊息，公司內部有兩種不同的聲音，反對立場所持的理由是這種大型招標不知有多少的傳播公司去比稿，這其中有多少錯綜複雜的關係，那輪得到我們，況且還剩一個星期，如何寫出一季的粗略腳本。另一方面，贊成比稿所持的理由是公司的製作型態必須轉型，先前想走第四台廣告製作的目標已然不可能，如果幸運的能製作廣電基金的節目，在三台(當時還沒民視)無線電視播出，不祇能夠打響公司的知名度，並在製作上比較有表現的空間，這是第一點，第二點就是如果我們抱殘守缺，整天就認爲自己不可能打進圈子裏，那永遠也不可能。經過一番激辯後，決定比稿，也決定這個星期的生活。

一季總共有十三集，爲了使自己更有勝算，我們打算在企劃書中寫得比廣電基金所要求的還詳細，不祇把十三集的粗略腳本規劃寫出，更按照每一集的粗略腳本，拍出與畫出概略的分鏡腳本，這步驟看起來好像不怎麼樣，但是想想看，十三集的企劃書將耗多少工去一張張拍照，並黏貼製作成十本企劃書。

這種傻子才做的事終於奏效並得到基金副執行長及科長的青睞，事後他們告訴我們之所以會選擇我們，其原因是能將企劃書做成這樣的傳播公司，想必也能做出品質優良的節目，這句話過了將近三年才驗證。

拿到基金的案子後，我們開會決定換掉公司現有的S-VHS系統，改爲專業等級的Betacam系統，至此，公司目標確定，路線也已選擇。

在這期間，前前後後接了一些小案子，客戶大抵都是公家機關，也因爲這樣，使我們經歷經濟不景氣而不自知，但是全部接公家機關的案子，也有一個缺點，那就是做公家的案子一定要等到案子結案後才能拿到錢，之前的押標金、拍攝費用全部得自己先出，也就是說，這段期間，必須勒緊褲帶來過生活。

也不知道是自己的能力不夠，還是真的在考慮節目品質，過了一年後，我們到台北請求基金的編審們寬限我們結案的期限，當她們聽到我們要求再一年的製作時間時，無不瞪大眼睛，不可置信的反問我們怎麼會這麼久，我們報告說因爲我們的主題是生態，動植物的拍攝最好要二年的觀察紀錄，節目才比較有深度。

開會結束，編審們同意我們的請求，但是我們的心情也不輕鬆，因爲她們日後的要求將會更嚴。

基金所委製的台灣生態顯影如火如荼的製作，並且已進入後製階段，這段期間，公司同事有人結婚、生小孩，問題產生。

拍攝生態節目，工作人員需要進入深山並且做長時間的守候，由於地區偏遠，所以沒有公用電話更沒有大哥大所能接收的訊號，這樣長時間的工作與出機的頻繁，任何一個新婚的太太都無法忍受，等到小嬰兒誕生，問題更加凸顯，終於逼使公司的一員大將離職，這種損失加重原本就不夠的人力，更不是再添一人所能馬上彌補的。更何況當初這公司是我們三個核心人物靠著第一年完全沒有支領薪水、第二年每個月五千元硬撐過來的，現在公司總算沒倒，核心人物已走了一員，真是情何以堪。

在走了一人後，正好舊日藝專的同學回國，也不知道他在國外學了些什麼，就匆忙的請他過來幫忙。

再過了一個月，曾在公司工作因懷孕而離職的文案小姐也歸隊了，公司好像看起來戰力稍為恢復，大概不會倒了。

一通從基金打來的電話綁緊了我全身的神經，編審要我們完成所剩的五集台灣生態顯影，因為她們要在年底播出節目的一半以上，才能將台灣生態顯影報名金鐘獎的比賽。當我聽到時，真是傻了眼，要命的就是未完成的那五集剛好是第一集到第四級以及最後一集，這樣一算，從今天起，每隔一星期必須要剪一集，包括配音、配樂，天啊！麻煩大了。

就這樣，我跟那舊日藝專同學沒日沒夜的剪接，這期間我們還要出機去補畫面，這四個星期的甘苦祇有我們兩個人才能體會了。

完成了這一系列的台灣生態顯影後，我們還是很苦的去比案子、製作，直到有一天基金的編審打電話告知我們已入圍金鐘獎時，我們已感到滿足，因為我們認為能入圍就表示肯定我們的辛苦，至於無線頻道將台灣生態顯影放在冷門時段，或是我們長期的製作花光了預算都已不是重點了。最後在兩個星期後，當我在台南搭帳棚拍攝黃鼠狼時，聽著收音機播報著同事領著我們第一座金鐘獎的時候，我閉上了眼睛聽著蟋蟀聲滿足的入睡了。

這之後，我們又加入了幾個工作人員，每天還是很辛苦的出機拍片，再過一個月，我就要結婚了，我不知道我老婆是否能忍受我一個月祇有幾天在家的日子，還是我不能忍受我老婆整天以淚洗面的對著我。

製作日記

電視製作人員每天的生活不是構思腳本、拍攝、就是剪接，少有時間坐下來靜靜的思考自己所做的節目，時間一久，就會發現自己做節目時，除了熟練外，很難再求突破，面對這樣的困境，製作人員很顯然的已遭遇到瓶頸。

其突破的方法除了涉獵別人的作品與著作外，最簡便的方法就是強迫自己寫製作日記，在自我所創造的機會中，對自己的作品提出批評與檢討，如此一來，自己會有長足的進步。

以下的幾篇日記是我在撰寫福爾摩沙的呼喚這二十六集的製作日記中的幾篇，希望藉著這幾篇日記的導引，讀者能瞭解寫製作日記的重要，以及更能瞭解製作節目時所需考慮的要項，因爲這幾篇日記已然跳脫單項技術層次的討論，而進入綜合理論的思維。

10月19日　星期日

剪接工作開始動工，這意味著從今天開始連續半年都不會有星期天了。

先剪第五集--鄉間老樹，預計花兩天的工作天。

心中構想是想把鄉間老樹與山中巨木這兩集做明顯的區隔，在鄉間老樹這一集強調的是樹與人所生活的環境、樹與人的關係，在山中巨木則強調的是樹與中海拔山區的自然關係。

在這一集的表現上，還是用導引式的O.S.來帶觀眾，所不同的是在片中，嘗試在三篇感性的小短文中不用O.S.，只用字幕配上音樂來引出老樹的歷史、老樹與人的關係。

在這集，我想對我以前的剪接方式做一個調整，其方法是顛覆灌旁白，按照旁白來挑選畫面的老作法，想要嘗試看完整段旁白，對整段文字內容瞭解之後，構思畫面的經營，再鋪旁白，繼之剪接連續每一個畫面。其重點不在畫面來補強旁白，而在旁白來支撐畫面，畢竟電視媒體是畫面爲重，聲音爲輔的媒體。

在這篇文稿中，我覺得有時候段落之間的落差感蠻大的，例如第二頁最後一行我們期待在千年後，兩棵老樟仍然禁得起考驗。接下的另一段第一句則是大樹、鳥鳴、還有陣陣涼風。像這樣在情緒上、內容上差異頗大的兩段在平面文章上或許蠻不順的，不過，在電視節目當做旁白則不會有問題，只要有適當的轉承畫面或音樂，就會很自然的將觀眾帶到另一種截然不同的內容與情緒。

我一直很排斥在旁白中放些咬文嚼字的文詞與引述古人的古訓，因爲我認爲這樣會阻礙節目的流暢度與觀眾的接收度，可是觀看大陸尋奇一系列的節目，高收視率的結果打破我的想法，或許配上字幕後，觀眾不會對文言文感到懼怕，相反的，大量的引用文言文會增加節目的深度與歷史感，觀眾可能被挑起發思古之憂情的情緒。因此我對鄉間老樹有一段持有保留態度：在《番社采風圖考》中曾經這樣描述： 番無年歲，不辨四時，以刺桐花開爲一度。

在畫面處理上，畫面全部都是老樹的遠景、中景、與特寫，如何使這集在畫面上豐富，真是頗費思量。所幸拍攝老樹時，還拍了一些在老樹旁所發生的人文活動，例如在拍攝宜蘭冬山鄉大安廟後方的老楓樹時，拍到了在一旁過火的神轎與活動、或在拍攝另一棵老樹時，拍到了正在爬樹的小孩、或在中秋節時，拍到茄苳公義子回來拜拜的畫面，相信這些會豐富這集的畫面。另外，我想適時的調出公司的資料帶來增加節目的氣氛，譬如五節芒的畫面、月亮的滿畫面、萬家燈火的夜景等，這些將會增加觀眾觀看的情緒。

10月20日　星期一

剪接的工作進行的並不順利，主要還是片頭非常難做決定。鄉間老樹是屬於人文類之一，因此片頭應該包括人文類的七集，不過由於事前的準備工作欠妥，例如畫面並未挑選出，time code表也沒找，就直接進剪接室慢慢的去想畫面，去想畫面連串的邏輯性。這樣的工作態度不祇浪費自己的時間，更霸佔剪接室，耗損公司整體的作戰能力。

10月21日　星期二

早上六點即起床到台北訪問作家六月，爲全民造林類第十七集生活綠化做初步性的拍攝與瞭解。事實上，我們知道應該在書面資料詳閱、面對面溝通取得進一步的認識後，再拍攝才是做節目的正確之道。然而時間的迫切性，我們決定在初次見面的這一天即進行拍攝計劃。

到了汐止瓏山林聊了近半個鐘頭，我們決定到六月所謂的後山走走，從一出門，就進行錄製，我所採取的方法是隨性的拍攝，亦即請六月入鏡慢慢遠離攝影機或是逼進攝影機，有好些鏡頭文案麗珠陪著六月走，我想這在事後的剪接應不會造成問題。

我初步的構想是先拍取到畫面，再訪問後insert畫面，因此我並沒有顧慮現場音的收錄。

本以爲祇是在家居做訪問以及在社區旁走走，沒想到花了三個小時在附近的淺山走，成群的小黑蚊不說，腳架與攝影機就讓我與文案累得半死。

10月23日　星期四

中午與淑芬討論整整一個小時，對於腳本的內容互有堅持，我所堅持的是段落的關聯性與承接性，淑芬所堅持的是祇要不離題，可以每段談一個子題，將這子題一組合起來，更可稱出整個結構，表現出主題。

這次的討論經驗對我來說是寶貴的，畢竟文體有很多種，端看執筆人所想表現的方法。

10月26日　星期日

鄉間老樹的剪接觸礁，其實早在拍攝鄉間老樹時就擔憂的問題終於浮現。原因是對於一地方的老樹介紹，由於鏡頭太少，造成剪接的困難。更由於全部都是老樹的全景或ZOOM IN或ZOOM OUT，造成鏡頭無法連串，真是攝影時不注意就害死了剪接。

唯一解決方法就是重新到新營舊部拍攝，或是移花接木找隨便一個河床去拍攝。

這次一反舊日剪接的模式，先灌聲部然後按照聲部剪畫面的方式丟棄不用，強調影部比聲部重要，因此先剪畫面再灌聲部，剪接的時候感覺不錯，希望整部片剪完後，效果也會變得更好。

10月27日　星期一

下午到南投信義鄉訪問原住民拍攝第六集巡山員，由於準備的工作不足，因此感覺上並不是很好，回來的路途中直覺希望再去拍一次他上山巡山的情況。

晚上看到吳念真的台灣念真情，心中暗暗叫好，祇要抓到一個主題，整個攝影隊跟著這主題一兩天，取得應有的畫面，這一集就告結束。但是這節目卻有一精神人物那就是口述者吳念真，他敏銳的觀察、感性的筆調大刀闊斧的描寫出該集主題的工作人員，不專於精工細膩的堆砌個人情感。

其實，我在想巡山員、林清池如果也用這種方式是否行得通？　但是我表現的方式正好是反其道而行，利用一個人來切入瞭解這主題。例如在巡山員這一集，藉由原住民金先生瞭解他的家居生活，這包括他的信義住所、妻子對他工作的看法、小孩的就學。

再來就是強調他工作餐風露宿的情形，那就需要跟著他真的去巡山、露營了。唯有如此，畫面才能動人，訪問才能真誠。

10月29日　星期三

終於完成鄉間老樹的剪接工作，在大龍看完後，他指出我爲何在拍老樹時不用老樹的觀點來看它周遭的環境，例如用老樹的角度來觀察它樹蔭下的民眾。大龍並且運用他在拍台灣生態顯影螃蟹那一集時，就是以螃蟹的角度來看它的周遭。這樣一來，我所拍的畫面就不會那麼安靜、也不會看起來千篇一律。我想這真是一個很新的觀念，等待我下一次出機拍攝時來嘗試。

10月30日　星期四

剪完了一集後，雖然頭部疼痛，但蠻有成就感的，決定趕快開始準備第一集台灣綠色傳奇的剪接工作。　由於第一集是談台灣的高、中、低海拔的植物世界，從一方面來說，根本就是台灣生態顯影第二到四集的合集，所以剪接處理上比較能駕輕就熟。

在這集的表現特色上，希望能善用現場音來烘托強化各海拔的環境，例如在高海拔，善用風聲能凸顯出高海拔環境的惡劣，低海拔則有蟬聲、蟲聲等以表現低海拔的潮濕與悶熱。中海拔就以鳥聲來襯托霧林帶的雲霧漂緲的感覺。

11月5日　星期三

迫不及待的觀看剛配好音樂、旁白的第五集鄉間老樹，發覺不愧是專業的配音員以及配樂師，在配音也就是說灌O.S.上，不但不會結巴，並能掌握節目的節奏控制配音速度及情緒。在配樂上，本以爲有幾個鏡頭過長，但是一配上音樂，氣氛跑出來，我反而認爲這些鏡頭太短了。例如落日那鏡頭，很多同事都認爲太長了，可是一上音樂，情緒就帶出來，這種鏡頭長短的拿捏真的要靠經驗以及剪接師與配樂師之間的默契。我想一定要找個時間與嘉莉姐長談這類的問題。

但是第一集配樂的處理我就很不以爲然，原本想把高海拔惡劣的生存環境、中海拔雲霧漂緲、以及低海拔生意盎然的感覺表現出來，但是配上音樂並沒有給我這種感覺，我祇好硬著頭皮要求學姐重改了。

至於學姐指出我片頭的處理過長以及各集的鏡頭組合並不能表現出整個節目的主旨，我欣然接受，並著手重新構思，再一次剪接。

11月10日　星期一

今天準備著手剪接第三集山中一甲子林清池，在這一集中，我們被主角林清池牽著走的成份非常的高，甚至改變了節目原來的走向，原本是側重介紹林清池本人，再帶出太平山開發史，現在則是藉著林清池來表現太平山的開發史。這其中的轉折大大的影響節目的表現。

既然是假林清池先生來介紹太平山的開發，因此在表現上運用林清池的聲音來按步就班的導引觀眾，從日本警察發現太平山的良材開始一直到砍伐、集材、到儲材，做詳盡的旁白介紹，在畫面上，爲了增加可看性與歷史感，大量運用舊照片以及穿插著林清池現場的介紹。在節目留白方面，運用太平山所拍的空景、舊日的火車站、以及今日垂老的林務局退休人員應該能達到留白的效果。

在這一集中我首度運用製作人員的聲音來做節目引言以及補足林清池旁白的不

足。並且在這一集中運用第一人稱來進入節目，雖然製作人員沒有專業配音員的優質嗓音，但是製作人員的身歷其境卻不是配音員所能憑空想像的。

這一節目的初步結構如下：

拜訪林清池的緣由（執行製作的聲音）

進入林屋，探詢寫書的動機（進入林務局，當太平山主任）

寫書所遭遇的困難

帶領我們探訪太平山歷史（執行製作的聲音）

簡單介紹太平山的森林資源（執行製作的聲音）

（O.S.）當時日本警察巡邏太平山發現這裡孕藏大量的良材，之後大量的開採，最先是每木調查、砍伐、集材、四種運材方法，依次爲碰碰車、流籠、水流、以及鐵道，後談到儲木、標售等最後的步驟。

（執行製作）這一些都已隨功臣身退的火車頭步入了歷史

12月7日　星期日

剪完阿里山這集後，覺得勝過前四集，祇因爲畫面豐富了許多，在自然風景方面，春天的櫻花以及秋天的紅葉都拍到了，在人文方面，鄒族的戰祭及星期日的做彌撒也在鏡頭中，任何節目都是要時間來磨的。

至於文稿方面，我不再排斥文謅謅的旁白，試試看是否有何優缺點。

在這集中，我運用大量的現場音，包括了火車聲、祭歌、以及聖歌，我認爲這些自然音的使用不祇能增加氣氛有時更能比畫面更強撼。

利用火車來貫穿此片，不知效果如何。

明天要剪山中子民，這包括了賽夏族矮靈祭、魯凱族獵人計劃、以及結婚典禮，我想使用在阿里山的故事那集中處理鄒族的方式，大量的使用現場音及大塊剪接，讓寫實的風格表現出來。旁白只是扮演著導引、解釋的功能。

12月14日　星期日

開始著手剪接巡山員，發覺腳本的主結構有點不對，旁白也限於一句話的解釋。因限於是假日，文案不在，決定自己來動手，除了改變節目主結構，也刪掉旁白。等結構出來，再請文案看畫面以塡詞。

這樣做有個好處，那就是剪接的思考模式完全是以畫面來思考。不過這集的困難點在於內容並不像山中一甲子林清池那集豐富。所以我很怕結構鬆散，不過，話又說回來，吳念真所做的台灣念真情的一集丹大林道的台電工作員，在這集中，其手法也是大塊的畫面配上少許的台詞，當初看的時候直覺這種節目真好做，但是現在腦海仍揮不去節目的某些影像片段。

12月15日　星期一

向邱成順老師借了一本電影美學，編寫者是名歐洲人，雖然翻譯的很難看懂，不過也因此多涉獵到不同美國的電視電影美學理論。

在談到音樂這節，作者寫到音樂使觀眾有身歷其境之感，減少靜默所產生的壓力。

音樂能製造高度的美感和心理效果，製作夢幻的氣氛及巨大的感情衝擊，以音樂的節奏可襯托規律的動作，如舞蹈、步行，以和諧的聲音可強調人的表情，和音與樂器可暗示人的心境。音樂和影像並不一定要一致，只需造成心理的協調效果，當聲音和影像趨於一致時，感情由聲音或由影像中蘊釀而出。

更進一步說，音樂決不僅是裝飾的音樂，它和諧的融於視覺情景之中，但在使用時，應儘量含蓄。而靜默使用的好，也可產生高度的戲劇力量。

12月21日　星期日

早上處理巡山員這集時，還爲節目過於單調擔心，結果中午時，進度轉順，在下午兩、三點就剪完了。探索原因，因爲我搞懂一個觀點。

剛起先時，我先剪畫面，例如巡山員騎機車的畫面就持續了兩分鐘，而後我再放訪問的聲音，之後，再剪入主任座車開進工作站這個鏡頭後，放入他對巡山員這個工作的看法，針對他所講的話，再放入相關的畫面。

上述的兩種做法是一種聲音與影像主從關係消長互動的改變。譬如當我先剪巡山員騎機車時，我考慮的是畫面的連串性，訪問聲音是我預設的空間，但訪問內容並不確定，甚至不放訪問而放旁白，我也不排斥。就在巡山員結束任務之後，緊接著主任巡視，座車到達，先放他的訪問內容，再針對他的看法，選擇相關畫面。由於這兩種不同的思考方式緊連在一起，處理時相當有趣。

12月22日　星期一

今天處理再造山林這一集，由於這集原始的題目是變色的大地，由於太過負面，所以被更換爲再造山林，不過腳本一出來，我直覺又跟題目不太合，所以請淑芬再想個題目。最後以拯救山林來當題目。

這集的主幹是先藉著濕地的重要性來點出山林的重要性，之後，經由高、中、低海拔，依次談高冷蔬菜、哇沙米、檳榔等農作物所造成的破壞性。

這集應該是以帶一點悲痛陳述不堪回首的山林，緩急應有所調配。由於這集提供的是知性的針砭，我想鏡頭是大塊大塊的處理，震撼但不宜瑣碎的讓觀眾聆聽旁白，這樣的畫面非空拍不可了。

12月25日　星期四

在剪拯救山林這集時，總覺得這種O.S 的表現方式觀眾一定不愛看，全部都是知性的東西，雖然訊息很重要，但是運用旁白的方式一定不討好。我在想如果我還有時間，就運用這篇文稿所提供的資料，好好的帶著攝影機到現場深挖，譬如山葵的大量栽種，我就真的到阿里山訪問當地的居民、學者、林務局人員，把這種利益的衝突性凸顯表現出，就像深度報導似的，這樣的表現方式觀眾才會喜歡看，也較有衝突戲劇性。不然藉著文稿唸旁白，觀眾無聊，自己也覺得畫面軟弱無力。

我想以後的拍片模式一定要跳躍出現在的剪資料帶的模式，不然誰要花半小時坐在電視前看節目。

參考書目:

Alan A. Armer: Directing Television and Film, Wadsworth Publishing Company, Belmont, California, 1990.

Dave Viera: Lighting for Film & Electronic Cinematography, Wadsworth Publishing Company, California, 1993.

Gerald Millerson: Television Production, Hartnolls Ltd., Bodmin, Cornwall, 1990.

Herbert Zettl: Sight Sound Motion, Wadsworth Publishing Company, California, 1990.

Herbert Zettl: Television Production Handbook, Wadsworth Publishing Company, California, 1991.

Ron Whittaker: Television Production, Mayfield Publishing Company, Mountain View, California, 1993.

陳坤龍著:【電視燈光世界】，台視文化，台北，1996.

謝章富著:【電視映像美學析論】，國立台灣藝術學院編印，板橋，1996.

蔡念中等編著:【電視節目製作】, 五南圖書出版公司，台北，1996.

易智言等譯:【電視編劇新論】，遠流出版公司，台北，1996.

曾偉禎譯:【電影藝術】，美商麥格羅・希爾國際公司，台北，1996.

簡政珍著:【電影閱讀美學】，書林出版公司，台北，1994.

趙耀譯:【後製作剪輯】，五洲出版公司，台北，1995.

曾西霸譯:【實用電影編劇技巧】，遠流出版公司，台北，1994.

徐鉅昌著:【電視導播與製作】，三民書局，台北，1994.

謝志河著:【現代攝影構圖】，眾文圖書公司，台北，1992.

吳念真著:【戀戀風塵】，三三書坊，台北，1987.

謝章富編著:【電視攝影技藝研究】，國立台灣藝術學院編印，板橋，1980.

作者簡介　楊家麟

美國紐約市立布魯克林學院電視節目製作碩士
美國東華盛頓大學廣播電視系畢業
國立台灣藝術學院廣播電視科畢業

現職
視群傳播公司導演
青年高中影視技術科教師

電視節目製作

出 版 者：新形象出版事業有限公司
負 責 人：陳偉賢
地　　址：台北縣中和市中和路322號8F之1
電　　話：29207133．29278446
F　A　X：29290713
編 著 者：楊家麟
總 策 劃：陳偉賢
執行企劃：黃筱晴、洪麒偉
總 代 理：北星圖書事業股份有限公司
地　　址：台北縣永和市中正路462號5F
門　　市：北星圖書事業股份有限公司
地　　址：永和市中正路498號
電　　話：29229000
F　A　X：29229041
網　　址：www.nsbooks.com.tw
郵　　撥：0544500-7北星圖書帳戶
印 刷 所：皇甫彩藝印刷股份有限公司
製 版 所：造極彩色印刷製版有限公司

定價：500元

行政院新聞局出版事業登記證／局版台業字第3928號
經濟部公司執照／76建三辛字第214743號

西元2004年9月

國家圖書館出版品預行編目資料

電視節目製作：單機操作析論／楊家麟編著。
--第一版。--〔臺北縣〕中和市：新形象，
1998〔民87〕
面；　公分。

ISBN 957-9679-37-1（平裝）

1.電視 - 節目 - 製作

557.776　　87003249

新形象出版圖書目錄

郵撥：0510716-5 陳偉賢
TEL:9207133・9278446 FAX:9290713 地址：北縣中和市中和路322號8 F 之1

一、美術設計

代碼	書名	編著者	定價
1-01	新插畫百科(上)	新形象	400
1-02	新插畫百科(下)	新形象	400
1-03	平面海報設計專集	新形象	400
1-05	藝術・設計的平面構成	新形象	380
1-06	世界名家插畫專集	新形象	600
1-07	包裝結構設計		400
1-08	現代商品包裝設計	鄧成連	400
1-09	世界名家兒童插畫專集	新形象	650
1-10	商業美術設計(平面應用篇)	陳孝銘	450
1-11	廣告視覺媒體設計	謝蘭芬	400
1-15	應用美術・設計	新形象	400
1-16	插畫藝術設計	新形象	400
1-18	基礎造形	陳寬祐	400
1-19	產品與工業設計(1)	吳志誠	600
1-20	產品與工業設計(2)	吳志誠	600
1-21	商業電腦繪圖設計	吳志誠	500
1-22	商標造形創作	新形象	350
1-23	插圖彙編(事物篇)	新形象	380
1-24	插圖彙編(交通工具篇)	新形象	380
1-25	插圖彙編(人物篇)	新形象	380

二、POP廣告設計

代碼	書名	編著者	定價
2-01	精緻手繪POP廣告1	簡仁吉等	400
2-02	精緻手繪POP2	簡仁吉	400
2-03	精緻手繪POP字體3	簡仁吉	400
2-04	精緻手繪POP海報4	簡仁吉	400
2-05	精緻手繪POP展示5	簡仁吉	400
2-06	精緻手繪POP應用6	簡仁吉	400
2-07	精緻手繪POP變體字7	簡志哲等	400
2-08	精緻創意POP字體8	張麗琦等	400
2-09	精緻創意POP插圖9	吳銘書等	400
2-10	精緻手繪POP畫典10	葉辰智等	400
2-11	精緻手繪POP個性字11	張麗琦等	400
2-12	精緻手繪POP校園篇12	林東海等	400
2-16	手繪POP的理論與實務	劉中興等	400

三、圖學、美術史

代碼	書名	編著者	定價
4-01	綜合圖學	王鍊登	250
4-02	製圖與議圖	李寬和	280
4-03	簡新透視圖學	廖有燦	300
4-04	基本透視實務技法	山城義彥	300
4-05	世界名家透視圖全集	新形象	600
4-06	西洋美術史(彩色版)	新形象	300
4-07	名家的藝術思想	新形象	400

四、色彩配色

代碼	書名	編著者	定價
5-01	色彩計劃	賴一輝	350
5-02	色彩與配色(附原版色票)	新形象	750
5-03	色彩與配色(彩色普級版)	新形象	300

五、室內設計

代碼	書名	編著者	定價
3-01	室內設計用語彙編	周重彥	200
3-02	商店設計	郭敏俊	480
3-03	名家室內設計作品專集	新形象	600
3-04	室內設計製圖實務與圖例(精)	彭維冠	650
3-05	室內設計製圖	宋玉眞	400
3-06	室內設計基本製圖	陳德貴	350
3-07	美國最新室內透視圖表現法1	羅啓敏	500
3-13	精緻室內設計	新形象	800
3-14	室內設計製圖實務(平)	彭維冠	450
3-15	商店透視-麥克筆技法	小掠勇記夫	500
3-16	室內外空間透視表現法	許正孝	480
3-17	現代室內設計全集	新形象	400
3-18	室內設計配色手册	新形象	350
3-19	商店與餐廳室內透視	新形象	600
3-20	橱窗設計與空間處理	新形象	1200
8-21	休閒俱樂部・酒吧與舞台設計	新形象	1200
3-22	室內空間設計	新形象	500
3-23	橱窗設計與空間處理(平)	新形象	450
3-24	博物館&休閒公園展示設計	新形象	800
3-25	個性化室內設計精華	新形象	500
3-26	室內設計&空間運用	新形象	1000
3-27	萬國博覽會&展示會	新形象	1200
3-28	中西傢俱的淵源和探討	謝蘭芬	300

六、SP行銷・企業識別設計

代碼	書名	編著者	定價
6-01	企業識別設計	東海・麗琦	450
6-02	商業名片設計(一)	林東海等	450
6-03	商業名片設計(二)	張麗琦等	450
6-04	名家創意系列①識別設計	新形象	1200

七、造園景觀

代碼	書名	編著者	定價
7-01	造園景觀設計	新形象	1200
7-02	現代都市街道景觀設計	新形象	1200
7-03	都市水景設計之要素與概念	新形象	1200
7-04	都市造景設計原理及整體概念	新形象	1200
7-05	最新歐洲建築設計	石金城	1500

八、廣告設計、企劃

代碼	書名	編著者	定價
9-02	CI與展示	吳江山	400
9-04	商標與CI	新形象	400
9-05	CI視覺設計(信封名片設計)	李天來	400
9-06	CI視覺設計(DM廣告型錄)(1)	李天來	450
9-07	CI視覺設計(包裝點線面)(1)	李天來	450
9-08	CI視覺設計(DM廣告型錄)(2)	李天來	450
9-09	CI視覺設計(企業名片吊卡廣告)	李天來	450
9-10	CI視覺設計(月曆PR設計)	李天來	450
9-11	美工設計完稿技法	新形象	450
9-12	商業廣告印刷設計	陳穎彬	450
9-13	包裝設計點線面	新形象	450
9-14	平面廣告設計與編排	新形象	450
9-15	CI戰略實務	陳木村	
9-16	被遺忘的心形象	陳木村	150
9-17	CI經營實務	陳木村	280
9-18	綜藝形象100序	陳木村	

總代理：北星圖書公司
郵撥：0544500-7北星圖書帳戶

九、繪畫技法

代碼	書名	編著者	定價
8-01	基礎石膏素描	陳嘉仁	380
8-02	石膏素描技法專集	新形象	450
8-03	繪畫思想與造型理論	朴先圭	350
8-04	魏斯水彩畫專集	新形象	650
8-05	水彩靜物圖解	林振洋	380
8-06	油彩畫技法1	新形象	450
8-07	人物靜物的畫法2	新形象	450
8-08	風景表現技法3	新形象	450
8-09	石膏素描表現技法4	新形象	450
8-10	水彩・粉彩表現技法5	新形象	450
8-11	描繪技法6	葉田園	350
8-12	粉彩表現技法7	新形象	400
8-13	繪畫表現技法8	新形象	500
8-14	色鉛筆描繪技法9	新形象	400
8-15	油畫配色精要10	新形象	400
8-16	鉛筆技法11	新形象	350
8-17	基礎油畫12	新形象	450
8-18	世界名家水彩(1)	新形象	650
8-19	世界水彩作品專集(2)	新形象	650
8-20	名家水彩作品專集(3)	新形象	650
8-21	世界名家水彩作品專集(4)	新形象	650
8-22	世界名家水彩作品專集(5)	新形象	650
8-23	壓克力畫技法	楊恩生	400
8-24	不透明水彩技法	楊恩生	400
8-25	新素描技法解說	新形象	350
8-26	畫鳥・話鳥	新形象	450
8-27	噴畫技法	新形象	550
8-28	藝用解剖學	新形象	350
8-30	彩色墨水畫技法	劉興治	400
8-31	中國畫技法	陳永浩	450
8-32	千嬌百態	新形象	450
8-33	世界名家油畫專集	新形象	650
8-34	挿畫技法	劉芷芸等	450
8-35	實用繪畫範本	新形象	400
8-36	粉彩技法	新形象	400
8-37	油畫基礎畫	新形象	400

十、建築、房地產

代碼	書名	編著者	定價
10-06	美國房地產買賣投資	解時村	220
10-16	建築設計的表現	新形象	500
10-20	寫實建築表現技法	濱脇普作	400

十一、工藝

代碼	書名	編著者	定價
11-01	工藝概論	王銘顯	240
11-02	籐編工藝	龐玉華	240
11-03	皮雕技法的基礎與應用	蘇雅汾	450
11-04	皮雕藝術技法	新形象	400
11-05	工藝鑑賞	鐘義明	480
11-06	小石頭的動物世界	新形象	350
11-07	陶藝娃娃	新形象	280
11-08	木彫技法	新形象	300

十二、幼教叢書

代碼	書名	編著者	定價
12-02	最新兒童繪畫指導	陳穎彬	400
12-03	童話圖案集	新形象	350
12-04	教室環境設計	新形象	350
12-05	教具製作與應用	新形象	350

十三、攝影

代碼	書名	編著者	定價
13-01	世界名家攝影專集(1)	新形象	650
13-02	繪之影	曾崇詠	420
13-03	世界自然花卉	新形象	400

十四、字體設計

代碼	書名	編著者	定價
14-01	阿拉伯數字設計專集	新形象	200
14-02	中國文字造形設計	新形象	250
14-03	英文字體造形設計	陳穎彬	350

十五、服裝設計

代碼	書名	編著者	定價
15-01	蕭本龍服裝畫(1)	蕭本龍	400
15-02	蕭本龍服裝畫(2)	蕭本龍	500
15-03	蕭本龍服裝畫(3)	蕭本龍	500
15-04	世界傑出服裝畫家作品展	蕭本龍	400
15-05	名家服裝畫專集1	新形象	650
15-06	名家服裝畫專集2	新形象	650
15-07	基礎服裝畫	蔣愛華	350

十六、中國美術

代碼	書名	編著者	定價
16-01	中國名畫珍藏本		1000
16-02	沒落的行業一木刻專輯	楊國斌	400
16-03	大陸美術學院素描選	凡　谷	350
16-04	大陸版畫新作選	新形象	350
16-05	陳永浩彩墨畫集	陳永浩	650

十七、其他

代碼	書名	定價
X0001	印刷設計圖案(人物篇)	380
X0002	印刷設計圖案(動物篇)	380
X0003	圖案設計(花木篇)	350
X0004	佐滕邦雄(動物描繪設計)	450
X0005	精細挿畫設計	550
X0006	透明水彩表現技法	450
X0007	建築空間與景觀透視表現	500
X0008	最新噴畫技法	500
X0009	精緻手繪POP挿圖(1)	300
X0010	精緻手繪POP挿圖(2)	250
X0011	精細動物挿畫設計	450
X0012	海報編輯設計	450
X0013	創意海報設計	450
X0014	實用海報設計	450
X0015	裝飾花邊圖案集成	380
X0016	實用聖誕圖案集成	380